홈스쿨링의 정치학

홈스쿨링의 정치학

홈스쿨링의 정치학

초판 1쇄 인쇄 | 2010년 5월 10일
초판 1쇄 발행 | 2010년 5월 15일

지은이 | 김재웅
펴낸이 | 현병호
편 집 | 김진한, 김경옥, 권정민
펴낸곳 | 도서출판 민들레
주 소 | 서울시 마포구 동교동 203-48
전 화 | 02) 322-1603
전 송 | 02) 6008-4399
전자우편 | mindle98@empal.com
홈페이지 | www.mindle.org

ISBN | 978-89-88613-38-2 93370

이 도서의 국립중앙도서관 출판시도서목록(CIP)은
e-CIP 홈페이지(http://www.ni.go.kr/cip.php)에서 이용하실 수 있습니다.
(CIP 제어번호: CIP 2010001648)

값은 뒤표지에 있습니다.

이 연구는 서강대학교 2008년도 특별연구비 지원을 받아 수행되었습니다.

Politics of Homeschooling

홈스쿨링의 정치학

김재웅

민들레

이 책을

40여 년간 초등학교에 몸담고 있으면서

교육적 삶의 본보기를 보여주셨고,

살아 계셨더라면 누구보다도

이 책의 출판을 기뻐하셨을

나의 아버지,

고 김매열 교장선생님께 바칩니다.

차례

감사의 글

세상의 모든 일이 그렇듯이, 이 책이 나오기까지 많은 사람들과 기관의 도움이 있었다. 먼저, 연구년을 허락하고 소정의 연구비까지 챙겨 주어 2008년도 8월부터 일 년간 미국에 머물면서 하고 싶은 연구를 맘껏 할 수 있도록 해준 서강대학교에 감사를 드린다. 직장에 대해서는 평소에도 늘 고마운 마음을 가지고 살아왔지만, 중간에 학교를 한 번 옮기는 바람에 박사 학위 취득 후 17년 만에 처음 갖게 된 연구년 동안 거의 매일 "내가 이렇게 행복해도 되나?" 할 정도로 서강대학교 교수로서 일하고 있다는 사실이 고마웠다.

일 년간 인터넷이 연결된 컴퓨터와 프린터가 딸린 연구실을 마련해 주고, 도서관의 자료를 제한 없이 사용할 수 있도록 해준 미국 아이오와대학교에도 감사를 표하고 싶다. 특히 나를 초청해 준 교육정책 및 리더십학과의 학과장이었던 바틀렛Bartlett 교수는 교육법 전문가로서 필자의 연구 주제인 홈스쿨링과 관련된 법률적 이슈들에 대한 자료를 제공해 주었을 뿐만 아니라, 틈나는 대로 미국의 홈스쿨링 운동이 지니고 있는 정치적·경제적 의미에 대해서 나와 토론을 즐겨 하기도 했다.

서강대학교와 아이오와 대학교의 도움이 없었더라면 이 책은 나오지 못했을 것이다. 그러나 이들 기관이 연구를 위해 꼭 필요한 물적 기반을 마련해 주었다 하더라도, 연구를 위한 학문적 기반을 마련해 준 스승 서울대학교 장상호 교수가 안 계셨더라면 홈스쿨링이라는 비교적 새로운 주제에 관심을 가질 수가 없었을 것이다. 장 교수님께서는 교육education과 학교schooling를 개념적으로 구분하면서 지금까지의 교육학은 교육이 아니라 학교를 탐구 대상으로 삼고 연구해 온 학교학 또는 학교 연구에 그치고 있다고 주장하면서, 인간의 고유한 삶의 한 양상인 교육을 교육답게 볼 수 있는 새로운 교육학이 필요하다고 역설하셨다. 나는 교육과 학교가 전혀 다른 종류의 현상임을 알게 되면서 의무교육과 의무취학을 구분할 수 있었고, 자연스럽게 의무교육은 받아들이면서 의무취학을 거부하는 홈스쿨링 운동에 관심을 갖게 되었다. 그럼에도 불구하고 이 책에서 홈스쿨링에 대한 교육정치학적 접근을 시도한다고 하면서, 교육학적 접근을 제대로 적용하지 못하고 정치학적 접근에 머물고 있는 것은 전적으로 나의 교육학적 안목이 부족한 데 따른 것이다.

또한 십 년 이상 줄곧 대안교육과 홈스쿨링 현상에 주목하며 격월간지 『민들레』를 출판해 온 도서출판 민들레의 현병호 대표에게 감사의 말씀을 전한다. 끝으로, 연구에 매진할 수 있도록 늘 가정의 평화를 지켜 주면서 우리 가정의 홈스쿨링 실천에 동참하기도 했던 아내 혜영과 두 딸 한이와 국순에게 감사하고 싶다.

2010년 5월, 노고산 자락에서

김재웅

들어가며

1999년 11월쯤으로 기억한다. 중학교 3학년이던 큰딸이 어떤 고등학교로 진학할지 학교에 알려주어야 한다고 했다. 나는 딸에게 "고등학교에 꼭 가야겠니?"라고 물었고, 딸은 "별 문제 없이 잘 다니고 있는데, 고등학교를 왜 안 가? 안 가면 나만 왕따당하지 않을까?"라고 했다. 그것으로 딸과의 대화가 끝난 줄 알았다. 그런데 일주일 정도 지났을 무렵, 딸이 "아빠, 나 고등학교 안 가면 안 될까?" 했다. 순간 가슴이 덜컥 내려앉았다. "글쎄, 안 갈 수도 있지. 근데 이건 일생일대의 중요한 결정이니까 잘 생각해 봐야 돼." 했더니, 딸은 "언젠 고등학교 가지 않아도 된다고 하더니, 이제 와서 왜?" 하고 반문했다. 딸은 아빠가 말한 후 곰곰이 생각해 봤단다. 학교 안 가고, 혼자 공부하는 게 재미있을 것 같기도 하고, 은근 잘할 수 있을 것 같다는 자신감도 확인했다고 했다. 사실 자기가 좋아하는 선생의 과목 시간만 열심히 수업에 참여했지, 나머지 시간은 재미가 없어 몰래 잠을 자든가 아니면 책상 밑에 숨겨 놓고 다른 책을 읽곤 했다는 것이다. "그래? 그럼, 몰래 자지 말고 집에서 편안히 자거라." 첫째 딸의 홈스쿨링은 이렇게 해서 시작됐다. 교실에서 있는 듯 없는 듯 조용하게 지내던 딸이 고등학교에 진학하지 않겠다고 하자 담

임교사의 호출이 있었다. 다행히 초등학교 1학년 자녀를 둔 여자 선생님
은 이해심이 높은 분이었다. 당신도 학교에 불만이 많았던 터라 우리의
결단과 용기를 부러워하며 격려해 주었다.

딸은 학교를 나오면서 말 그대로 자기 방에서 잠을 편안하게 원 없이
잤다. 한 달쯤 지난 토요일에 딸과 어디를 가고 있었는데, 마침 교복을
입은 일군의 여학생들이 재잘거리며 교문을 나오고 있었다. 이 모습을
본 딸의 입에서 나온 말은 "아빠, 쟤네들 좀 봐. 감옥에서 탈출해 나오는
애들 같애"였다. 딸아이는 학교 나온 지 한 달도 안 되어 벌써 자유의 옷
으로 갈아입고 있었나 보다.

학교를 나가지 않고 홈스쿨링을 한다고 했으나, 고등학교 과정을 나와
아내가 직접 담당하기에는 실력이나 시간 면에서 많이 부족했다. 영어와
국어 등 일부 과목은 내가 부분적으로 돕기는 했으나, 거의 자기주도적
학습에 의존했다. 그러나 시간이 지날수록 이도 만만치 않아 단과반을
전문으로 하는 학원에 등록하여 국어, 영어, 수학을 공부했다. 일 년 반
정도 지나 딸은 고졸 검정고시에 합격했고, 친구들이 고등학교 2학년에
재학 중일 때 수학능력시험을 시험 삼아 한번 보았다. 그리고 그 이듬해
는 대학 진학에 대한 심리적 부담으로 종합반에 등록하여 본격적인(?)
대학입시를 준비했다. 그러나 딸은 시험문제 풀이 위주의 수업을 견디지
못하고 여름방학이 지나면서 학원을 나와 독서실을 다니며 자기주도적
으로 혼자 공부했다. 또 한 번 수능을 치렀고, 결과가 그런대로 잘 나와
이화여대 교육학과에 진학했다. 지금 큰딸은 미국 아이오와대학 대학원
에서 '교육 측정 및 통계'를 전공하며 학자의 꿈을 키워 가고 있다.

부분적으로 학원을 다니면서 고등학교 과정을 마친 딸은, 자기는 홈

스쿨링을 한 게 아니라 학원 스쿨링을 한 거라고 항변하기도 한다. 그러나 나는 홈스쿨링의 개념을 어떻게 잡느냐에 따라 딸의 체험은 얼마든지 홈스쿨링이라 할 수 있다고 본다. 부모가 직접 자녀의 교과과정과 시간표를 짜고 직접 교육하는 것만 홈스쿨링이라고 정의한다면, 우리 가정은 홈스쿨링한 것으로 보기 어렵다. 기껏해야 짝퉁 홈스쿨링 정도로 보아줄 수 있을 것이다. 그러나 영국의 '다른 교육Education Otherwise'이라는 학부모 단체가 정의하고 있듯이, 자녀를 학교에 보내지 않고 가정이 중심이 되어 가용한 모든 자원을 동원해서 자녀를 교육하는 것을 홈스쿨링이라고 본다면, 우리 가정도 홈스쿨링을 했다고 볼 수 있을 것이다.

첫째 딸의 홈스쿨링을 성공적으로(?) 마친 우리 가정은 둘째 딸이 초등학교를 마칠 무렵 그에게도 은근 탈학교를 권했다. 그러나 둘째는 언니가 중학교를 다녔으니 자기도 중학교까지는 다니고 싶다고 했다. 우리는 딸의 의견을 존중하여 인근 공립 중학교에 진학을 시켰다. 그러나 분위기가 자유로운 사립 초등학교를 다닌 탓인지, 아니면 딸의 성격이 내성적이고 느린 탓인지 모르겠으나, 딸은 중학교 다니는 것을 무척 힘들어했다. 시간이 지나면서 아침에 일어나 학교에 가는 것조차 싫어할 때가 많았다. 지각을 자주 했고 그때마다 부모의 확인 서명을 받아 갔다. 나중에 확인한 일이지만, 둘째는 학교에서 거의 부적응아였고 소위 담임교사에게 찍힌 학생으로서 이래저래 심적 고통을 받고 있었다. 그러다가 2003년, 중학교 1학년 여름방학을 마치고 개학하면서 딸에게 정말 견디기 어려운 일이 발생했다.

당시 담임교사는 여름방학 숙제로 다른 과목 교사들이 내준 것에 추가적으로 소위 '깜지'[1]라는 것을 내 주었다. 깜지의 분량은 1학기 말 학급 석차만큼이었다. 둘째 딸은 학기 말에 자기 반에서 십몇 등을 했기에 십여 쪽의 깜지를 해야 했다. 대부분의 아이들이 그렇듯이, 개학이 다가오면서 방학숙제에 열을 내기 시작한 둘째는 다른 숙제는 그런대로 끝을 냈는데 깜지를 다 못한 채 개학을 맞이하게 되었다. 영어 단어를 잔글씨로 채워 넣기도 하고 일부 과목의 교과서 내용을 그대로 베끼기도 하면서 밤늦도록 수고했으나, 겨우 몇 쪽밖에 채우지 못했다. 개학과 동시에 숙제 검사를 하면서 담임교사는 자기 분량을 채우지 못한 학생들은 방과 후에 남아서 채울 것을 종용했다. 깜지를 해본 사람은 알겠지만, 몇 쪽 채우는 데 생각보다 시간이 많이 걸리기도 하거니와 의미 없다고 생각되는 일을 참지 못하는 사람에게는 고문이나 다를 바 없다. 며칠을 학교에 남아서 채우기도 하고 집에 와서도 낑낑댔지만 목표량은 여전히 멀리 있었다. 깜지 숙제를 끝내지 못한 학생들의 진도가 맘에 들지 않은 담임교사는 남은 분량의 두 배를 하도록 요구했다. 그전에도 이미 복도 밖에서 손들고 서 있기 등 체벌을 당하기도 했던 둘째 딸이 담임교사를 더욱 두려워하고 학교 가기를 정말 싫어한 것은 이때부터가 아닌가 싶다.

둘째는 학교에 갈 일만 생각하면 가슴이 벌렁거린다고 했고 가끔 호

---

1) 깜지란 흰 종이에 글씨를 빽빽이 써넣어 흰 공간이 보이지 않도록 글을 쓰는 것으로, 보통 학교나 학원의 교사들이 학생들이 잘못된 행동을 하거나 정해진 성적 기준에 미달하면 체벌을 대체하여 내리는 벌의 한 종류이다. 그밖에도 시험 기간처럼 공부에 집중해야 할 시기에 학생들에게 교육을 목적으로 깜지를 쓰게 하거나 스스로 쓰기도 한다. 깜지와 빽빽이라는 이름의 유래는 알려진 바가 없으나 깜지는 흰 종이에 글을 빽빽이 써넣어 마치 검은 종이처럼 보인다는 뜻에서, 빽빽이는 흰 종이에 글을 빽빽이 써야 한다는 뜻에서 온 말이라고 알려져 있다(출처: 위키피디아).

흡곤란 증세를 호소하기도 했다. 학교 가기 싫어하는 아이를 보고 나와 아내는 아침마다 깨워 보내는 데 한계를 느끼고, 아이에게 더 이상 깨워 보낼 수 없으니 학교에 계속 다니려면 스스로 일어나 가라고 말했다. 자신이 원하면 언니처럼 학교에 다니지 않아도 된다는 말을 덧붙이면서. 아이는 그래도 중학교는 마쳐야 된다면서 일어나 가보겠다고 했다. 처음 며칠은 자명종에 맞춰 일어나 등교했으나, 일주일도 안 되어 내가 지방 출장 중인 어느 토요일 늦잠을 자고 말았다. 학교에 전화해서 아프다고 이야기해 달라고 사정하는 딸에게 아내는 네가 한 일이니 네가 책임을 지라고 했다. 아이가 결석한 그날 걸려온 담임교사의 전화에 아내는 일주일만 시간을 달라고 했고, 딸아이는 일주일 동안 집에서 잠 실컷 자고, 하고 싶은 인터넷 맘껏 하면서 보냈다.

일주일 후 딸에게 물었다. "이제 결정할 시간이다. 학교에 갈래, 아니면 집에서 공부할래?" 딸은 도저히 학교에 갈 수가 없다고 했다. 담임교사 만날 생각만 하면 다시 가슴이 조여 오고 숨이 차 온다는 것이었다. 담임교사와 상담하고, 결국 학교를 그만두기로 했다. 문제는 중학교까지 의무취학으로 되어 있는 현행 법률이었다. 정원 외 관리로 들어가려면 합당한 이유가 있어야 했다. 소견서를 작성해 오라고 하여, 나름대로 아이의 특성을 자세하게 적어 아이의 페이스 맞추어 천천히 가기 위해 학교를 나와야겠다고 적었다. 그러나 담임교사는 결재 과정에서 이 정도 이유라면 모든 애들이 학교를 나와야 한다는 이야기를 들었다면서 조금 더 전문적인 소견이 필요하다고 했다. 의사의 진단서가 필요하냐고 하니까 그 정도는 아니지만 전문 상담가의 소견은 필요하다고 했다. 안면이 있는 상담소에 찾아가 사정을 이야기하고, 집단생활이 매우 곤란한 정도로 심신이 매우 불안정한 상태라는 소견서를 받아 제출했다.

중학교 1학년 2학기 초반에 학교를 나온 후 둘째는 그동안 받은 마음의 상처를 치유하는 데 제법 시간이 걸렸다. 당시 담임교사에 대한 분노는 상당 기간 지속되었고, 일종의 대인기피증 같은 증상을 보이기도 했다. 적어도 한 학기 동안 학과공부는 하나도 하지 않고 하고 싶은 것 맘껏 하라고 그냥 두었다. 아이는 인터넷을 돌아다니고, 교과서가 아닌 책들을 찾아서 읽었다. 딸은 특히 『개미』 작가 베르베르의 책들을 좋아했다. 『나무』, 『인간』, 『아버지들의 아버지』, 『뇌』, 『천사들의 제국』, 『파피용』 등 베르베르의 책들을 모두 찾아 읽었다. 한동안 혼자만의 세계에 갇혀 살던 둘째는 검정고시 학원에 등록해 중학교 졸업 검정고시를 준비했다. 그러나 나름대로 지켜야 할 규율이 있고 담임이 있는 그곳에서도 적응하지 못한 딸은 두 달을 채우지 못하고 나와 혼자 공부했다. 혼자 있는 시간이 많아지면서 은근 걱정이 되기도 했으나, 나와 아내는 아이에게 "우리는 너를 사랑한다. 우리는 너를 믿는다. 너는 참 소중한 존재다"라는 신호를 끊임없이 보냈다.

둘째 딸은 얼마 안 가서 중학교 졸업 검정고시를 무난히 합격했고, 고등학교는 당연히 진학하지 않는 것으로 알고 다시 홀로 생활에 접어들었다. 이때 베이스 기타의 기초를 배우고 한동안 베이스에 미쳐 살기도 했다. 둘째 딸은 약 일 년간 교회 찬양단에서 베이스 반주를 맡기도 했다. 고등학교 졸업 검정고시 준비를 위해 간헐적으로 학원에 등록하기도 했으나, 거의 혼자 공부하다시피 하면서 친구들이 고등학교 1학년에 다니고 있을 때 고졸 검정고시도 합격했다. 그리고 그 해와 이듬해에 걸쳐 두 번 수능을 치렀으나, 백수에 가까운 생활을 하던 딸의 성적은 4년제 대학에 원서를 낼 정도조차 되지 못했다.

한편, 대학 졸업반에 있던 첫째 딸은 유학 준비를 하고 있었고, 마침 나는 연구년을 맞이해 해외에 일 년간 나가게 되었다. 첫째가 아이오와 대학교로 유학을 가기로 결정하면서 필자도 같은 대학에서 연구년을 보내기로 했다. 자연스럽게 둘째도 SAT 학원을 다니는 등 미국에서 공부할 준비를 시작했다. 다행히 미국에 가 있는 동안 2009년 가을 학기에 언니가 다니는 대학에 정보학 전공으로 입학하게 되었다. 책을 좋아하던 둘째는 학부를 마치면 문헌정보학을 공부해 사서가 될 꿈을 안고 있다. 혼자서 생활하며 공부하는 게 몸에 배어 있는 둘째가 대학이라는 제도 속에서 잘 적응할 수 있을지 걱정이 되기도 하지만, 둘째 말대로 혼자 있으면서 나름대로 내공이 무척 강해져 잘 해낼 것으로 믿고 있다.

이렇게 하여 두 딸 모두 홈스쿨링, 애들 말로는 짝퉁 홈스쿨링을 통해 고등학교 과정을 마치게 되었다. 두 딸은 서로 다른 이유로 홈스쿨링을 시작했지만, 그로 인해 얻은 가장 소중한 경험은, 다른 홈스쿨링 가정들도 고백하고 있듯이(김종우·유은희, 2003; 서덕희, 2008; McDowell, 2004; Wyatt, 2008), 소위 '가족 가치'를 다시 한 번 확인할 수 있었다는 것이다. 학교에 다니는 자녀를 둔 일반 가정은 대체로 자녀와 부모 사이에 대화가 많이 부족한 데 비해, 우리 가족은 기회가 닿는 대로 함께 여행도 하면서 대화하는 시간을 많이 가졌다. 미국의 많은 가정들처럼 종교적 이유로 학교를 나와 홈스쿨링을 한 것은 아니지만, 온 식구가 기독교를 중심으로 신앙생활을 하고 있다는 것도 중요한 밑거름이 되었다. 특히 매일 저녁 드리는 가정 예배 시간을 통해 우리는 더 솔직해질 수 있었고, 서로에 대한 이해가 더 깊어질 수 있었다. 홈스쿨링 과정에서 아이들과 부모 사이에 갈등이 깊어질 때도 있었고, 서로가 서로를 원망하고 비난하는 등 결코 쉽지 않은 시기도 없지 않았으나, 그건 주로 자녀에 대한 부모의 신뢰가 다소 약해졌을 때였다. 그럼에도 필자는 두 딸이 학교를 다니지 않았지만, 인격적으로 반듯하게 자라났고 사회에서 자기 몫을 할 수 있는 인재로 커 가고 있다고 믿는다.

• • •

첫째 딸과의 고등학교 진학 문제를 놓고 대화하던 당시 필자는 『교육학 연구』라는 교육학회지에 「홈스쿨의 교육적·정치적 의미」(1999년 11월)라는 논문을 발표한 터라, 홈스쿨링에 대한 이론적 관심이 아주 많았고, 우리 가정에서 실험적으로 시도해 보고 싶은 마음이 있었던 것이 사실이다. 필자가 홈스쿨링에 관심을 갖게 된 데에는, 당시 서울대학교 교육학과 장상호 교수를 중심으로 수년째 진행해 온 월례 세미나를 하고 있던 교육원형연구회(후에 교육원리학회로 명칭 변경)의 영향이 컸다. 장상호 교수는 1980년대 중반부터 이미 자기가 해오던 학문적 활동의 뿌리가 '교육학'이 아니라 '심리학'이라는 생각을 해왔다. 그는 '교육이란 무엇인가? 교육학은 어떤 학문인가?'라는, 당시 교육학자들에게는 당연시되어 질문조차 하지 않던 물음을 화두 삼아 학자로서 학문적 정체성의 위기라는 질병을 심하게 앓기 시작했다. 서울대학교 출판부에서 상중하 시리즈로 출판된 『학문과 교육』(1997, 2000, 2005, 2009)은 이러한 학문적 고뇌의 결과를 집대성한 것이다. 그 저서의 방대한 내용을 간단하게 요약할 수는 없지만, 한마디로 '학교=교육'의 등식 속에서 지금까지 해

온 교육학은 소위 모학문(철학, 심리학, 사회학 등)의 관점에서 학교를 탐구해 온 '학교 연구'라고 해야 마땅하며, 교육을 교육답게 보면서 탐구하는 '제2기 교육학'이 필요하다는 것이다. 그의 새로운 교육학은 흔히 '교육본위론'이라고 불린다.

교육본위론에 의하면 교육과 학교는 구별되어야 하고, 따라서 의무교육과 의무취학도 당연히 구별되어야 한다. 교육본위론의 내용은 이 정도가 아니었지만, 새로운 교육학을 접한 초보자에게는 이 정도만 가지고도 기존의 교육학 연구들과 교육 실천을 새로운 눈으로 보기에 충분했다. 필자는 헌법에서 규정하는 의무교육과 초·중등교육법 및 동법 시행령에서 규정하는 의무취학 사이에 괴리가 있음을 알게 되었고, 미국과 영국 등 많은 나라에서 홈스쿨링이 합법적으로 운영되고 있는 것이 의무교육과 의무취학의 개념적 구분과도 밀접히 관련되어 있음도 깨달았다. 외국의 홈스쿨러들은 의무교육은 받아들이지만, 의무취학은 거부하고 있었다. "교육을 왜 학교에서만 받아야 하는가?", "학교가 왜 교육을 독점해야 하는가?" 등과 같은 질문은 필자에게 도전이 되었고, 이러한 질문의 한가운데에 홈스쿨링이 자리 잡고 있었다.

이 책은 필자가 1999년도에 홈스쿨링에 대한 논문을 발표한 후 그동안 홈스쿨링에 대해 가져왔던 궁금증을 해소하기 위한 학문적 노력의 결과를 모아 놓은 것이다. 특히 모든 주가 의무취학법을 가지고 있는 미국에서 홈스쿨링이 사회운동으로 성공하면서, 합법화되는 과정에 얽혀 있는 관련 이해집단 간의 갈등과 논쟁은 매우 흥미 있는 주제였다. 오랫동안 불법 행위처럼 사회의 변방에 있던 홈스쿨링이 1980년대 중반 이후 언론과 사회의 관심과 주목을 받게 되고, 21세기에 들어서면서부터 주류 교육 형태로 편입되는 과정은 한 편의 드라마와도 같다. 아울러 홈스쿨링이 하나의 사회운동으로 자리를 잡아가면서 관련 이해집단 간에 나타나고 있는 갈등의 양상과 이해관계에 따른 변화는 교육정치학적 관점에 익숙한 필자의 관심을 끌기에 충분했다.

이 연구를 수행하면서 필자의 문제의식은 다음과 같은 것들이었다.

- 홈스쿨링 운동의 초기에 정치권과 교원단체가 홈스쿨링에 대해 부정적이고 비판적이었던 이유는 무엇인가?
- 의무취학제도 하에서 홈스쿨링의 합법화가 성공할 수 있었던 요인은 무엇인가?
- 홈스쿨링 운동을 주도한 두 집단, 즉 보수적 기독교 계열과 반문화적 좌파 계열은 어떠한 점에서 갈등하고 어떠한 점에서 협력하고 있는가?
- 적대 관계에 있던 공교육제도와 홈스쿨링이 협력과 공생의 관계로 변하게 된 동인은 무엇인가?

이러한 연구 목적을 달성하기 위한 연구 대상으로 미국의 홈스쿨링 운동을 잡은 것은, 미국의 공교육제도가 형성되고 그것이 의무화되는 과정에서 이에 대한 저항으로 홈스쿨러들이 보인 행태가 뚜렷하기도 하고, 마침 2009년 8월부터 일 년간 연구년을 맞이해 미국에 머물면서 미국의 사례를 접할 수 있는 기회가 많았기 때문이기도 하다. 필자는 연구 방법으로써 미국의 홈스쿨링 가정을 직접 방문해 면담하거나 참여 관찰하는 방식을 택하지 않고, 교육정치학적 관점이라는 이론적 틀을 가지고 미국의 홈스쿨링 운동의 사례를 문헌 분석을 통해 드러내려고 노력했다. 이러한 점에서 이 저서가 한계도 갖고 있지만, 하나의 사회현상으로서 홈스쿨링을 분석하는 나름대로 장점도 있다고 할 수 있다.

각 장의 문제의식과 주요 내용은 다음과 같다. 일부 내용은 이 책을 집필하면서 새로 작성했지만, 일부는 이미 학술지에 발표한 내용을 저서의 체계에 따라 편집하면서 수정·보완했음을 밝혀 둔다.

1장 분석 틀 _ 교육정치학적 관점에서는 교육정치학이라는 분과학문이 등장하게 된 배경과 의의에 대해 살펴보았다. 오랫동안 진리라고 믿어져 왔던 '교육의 정치적 중립'이 하나의 신화에 불과하다는 것을 폭로하는 데 기여한 교육정치학은 홈스쿨링 운동을 탐구하는 데도 적용할 수 있을 것으로 보았다.

2장 홈스쿨링의 개념과 의의에서는 홈스쿨링이라는 용어가 어떻게 출현했고, 어떤 의미를 지니고 있는지 살펴보았다. 특히 학교와 교육의 개념 분화 속에서 홈스쿨링이 지니는 위상과 함께 의무취학과 의무교육제도와의 관련 속에서의 의의도 집중 조명했다. 이러한 논의 끝에 9년간의 의무취학을 규정하고 있는 우리나라의 현행 교육기본법과 초·중등교육법은 의무교육을 규정하고 있는 헌법의 정신에 위배될 가능성이 있다는 결론을 내릴 수가 있었다.

3장 홈스쿨링 현황에서는 미국에서 이루어지고 있는 홈스쿨링 운동의 모습을 가능한 한 객관적으로 드러내고자 했다. 가장 최근의 자료[2]를

---

2) Planty, Hussar, Snyder, Kena, KewalRamani, Kemp, Bianco, & Dinkes(2009)
   를 중심으로 인용하였으며, 필요시 다른 자료도 활용하였다.

활용해 홈스쿨링 참여 학생과 가정의 특성, 학부모가 홈스쿨링을 선택하는 이유, 교과과정 및 교수-학습 방법 등을 살펴보았다. 그리고 홈스쿨링의 효과를 학업 성취 측면과 사회성 발달, 졸업 후 진로 등의 측면으로 구분하여 기존 연구 결과를 분석한 결과, 홈스쿨링 학생들은 일반 학교 학생들에 비해 모든 측면에서 결코 뒤지지 않음을 알 수 있었다.

4장 의무취학제도와 홈스쿨링에서는 먼저 미국의 공교육제도가 형성되는 과정을 정치적 관점, 종교적 관점, 교육적 관점으로 구분해 이해 집단 간의 갈등 상황을 살펴보았다. 그리고 이러한 과정을 통해 형성된 공교육제도가 어떠한 과정을 통해 의무취학제도로 발전되어 갔는지 분석했다. 끝으로, 의무취학제도 하에서 홈스쿨링이 합법화되려면 철학적·논리적 측면과 경험적 측면에서 의무취학제도가 달성하고자 하는 목적을 홈스쿨링도 충분히 입증해야 한다고 보고, 이에 대해 심층적으로 논의했다. 4장의 내용은 대부분 김재웅(2001b, 2009a)에 실린 내용에서 가져왔다.

5장 홈스쿨링 운동의 주요 인물과 단체는 미국에서 홈스쿨링이 하나의 사회운동으로 성공한 데에 이론적 기반을 제공하고 실천적 측면에서 핵심 역할을 수행했던 사람과 단체가 누구인지 살펴보았다. 먼저 모르몬교도로 홈스쿨링과 일부다처제로 인한 체포 과정에서 경찰의 총에 맞아 숨지면서, 미국에서 홈스쿨링에 대한 사회적 관심을 불러일으킨 유타 주의 농부 존 싱거를 소개하고, 이어서 반문화적 좌파 계열의 리더로서 존 홀트, 보수적 기독교 계열의 리더로서 무어 부부의 삶과 업적을 소개했다. 홈스쿨링 운동을 이끌고 있는 주요 단체로는 기독교자유아카데미학교연맹, 홈스쿨변호협회, 전국홈스쿨연합을 중심으로 이들이 미친 영향과 아울러 이들 간의 협력과 갈등에 대해 논의했다.

6장 홈스쿨링 운동의 사회적 배경에서는 미국의 홈스쿨링 운동이 성공한 것은 걸출한 인물들과 주요 단체의 활동 때문이기도 하지만, 그 이면에 홈스쿨링이 일어나지 않으면 안 되도록 영향을 미친 사회적 배경이 있었기 때문이라고 보고 이에 대해 분석했다. 여기에서는 홈스쿨링이 활성화되던 당시 미국 사회와 문화의 특징을 중앙집권화와 관료제의 지배와 이에 대한 반발, 아동 숭배 사상, 가족 가치의 중시 경향, 교외의 발달 등으로 정리했다. 이러한 분석을 통해 필자는 홈스쿨링 운동을 개인적 차원의 노력과 사회적 환경이 변증법적으로 만들어 낸 결과로 해석하고자 했다. 6장은 김재웅(2009c)의 내용을 거의 그대로 가져왔다.

7장 홈스쿨링과 공교육체제의 협력과 공생에서는 최근 들어 홈스쿨링 가정들이 공립학교의 서비스를 활용하고 싶어 하는 한편, 공교육체제는 홈스쿨링 가정을 끌어들이려고 하고 있다는 사실에 주목했다. 이와 관련해 먼저 홈스쿨링 가정에 공립학교의 프로그램과 서비스를 제공하는 것이 옳은 것인지에 대한 찬반 논쟁을 살펴보았다. 이어서 구체적으로 이루어지고 있는 홈스쿨링과 공교육체제의 협력 사례로 홈스쿨러가 공립학교에 시간제 학생으로 적을 둘 수 있게 하는 이중 등록dual enrollment, 교과서 및 교육자료의 공유, 체육 및 특별활동 참여 등으로 구분해 논의했다.

8장 홈스쿨링과 사이버 차터스쿨의 정치학에서는 최근 들어 많은 홈스쿨링 가정들이 일종의 공립학교인 인터넷 기반의 사이버 차터스쿨로 이동하고 있다는 사실을 발견하고 이에 대한 교육정치학적 분석을 시도했다. 흥미롭게도 지역 교육청과 교원노조는 홈스쿨링 집단이 사이버 차터스쿨로 옮겨가면서 공적 재원을 사용하게 됨에 따라 발생한 재정 손실과 사이버 차터스쿨에 대한 통제권 행사의 부족 등의 이유로 주 정부가 추진하고 있는 사이버 차터스쿨 개혁에 크게 반발하고 있다. 한편, 기독교 우파 계열과 반문화적 좌파 계열 사이에서 갈등을 보이고 있던 홈스쿨링 집단은 내부적으로 사이버 차터스쿨에 찬성하는 집단과 반대하는 집단 사이의 갈등이 표면화되면서 새로운 갈등의 양상을 보이고 있다. 8장은 김재웅(2009b)의 논문을 거의 옮겨 왔다.

9장 홈스쿨링의 법률적 측면에서는 미국 각 주의 의무취학법이 절대적이지 않음을 보여주는 대표적인 연방 정부 대법원 판례라고 할 수 있는 마이어 대 네브래스카(Meyer v. Nebraska, 1923), 피어스 대 자매회(Pierce v. Society of Sisters, 1925), 위스콘신 대 요더(Wisconsin v. Yoder, 1972)를 소개했다. 그리고 미국 각 주들이 정하고 있는 홈스쿨링 관련 법률을 홈스쿨변호협회에서 구분한 것처럼 규제의 정도에 따라 관련 규제가 아예 없는 주, 느슨한 주, 중간인 주, 강한 주 등 네 가지 범주로 구분해 주요 내용을 살펴보았다. 끝으로 이러한 분석을 토대로 우리나라에서 홈스쿨링 관련 법률을 입법할 때 고려해야 할 사항에 대해 논의했다. 9장의 내용은 부분적으로 김재웅(2009a)에서 발췌, 정리했다.

한마디로 홈스쿨링은 부모로서 어떻게 하면 맡겨진 자녀들을 건강한 사회인으로 기를 수 있을 것인가의 문제와 직결되어 있다. 대부분의 가정이 학교라는 제도 속에 아이들의 몸을 맡기고 있을 때, 이들을 학교에서 빼내 스스로 책임지기로 결정하는 일은 결코 쉬운 일은 아니다. 그럼에도 홈스쿨링을 택한 가정은 그것이 부모와 자녀의 삶이 함께 풍성해

지는 길이라고 믿고 있는 사람들로서 삶의 모험가들이라고 할 만하다. 어차피 삶은 일회성이고, 어떤 길이 잘 사는 길인지는 아직 아무도 모르기 때문이다. 이 책에 소개되어 있는 필자의 홈스쿨링 실천 경험과 홈스쿨링 운동에 대한 이론적 탐구의 결과가 홈스쿨링에 관심 있는 학부모들, 교육행정가와 교사들, 교육정책 결정자들, 교육 관련 연구자들에게 도움이 되기를 바란다.

1장

분석 틀 _ 교육정치학적 관점

1장에서는 홈스쿨링 운동을 이해하는 하나의 틀로서 교육정치학적 관점에 대해 소개한다. 구체적으로 교육정치학이라고 하는 분과학문이 출현하게 된 배경을 살펴보고, 교육 분야의 연구에서 교육정치학이 주로 관심을 갖고 탐구해 온 영역에 대해 논의한 후, 교육정치학적 관점이 홈스쿨링 운동 탐구에서 기여할 수 있는 가능성에 대해 논의한다.

1 분과학문으로서 교육정치학의 태동과 의의

일찍이 1959년에 엘리엇Eliot이 「공교육의 정치학 이해」라는 논문에서 분과학문으로서 교육정치학의 가능성을 예고하기는 했으나, 미국의 교육정치학회가 탄생한 것은 그로부터 십 년이 지나서이다. 한국의 경우 교육행정학회 학술지인 『교육행정학 연구』에서 교육정치학적인 관점으로 연구한 것이 종종 발견되나, 본격적인 연구는 1994년 교육정치학회가 창립되고 공식 학술지인 『교육정치학 연구』가 발간되면서 시작되었다고 할 수 있다.

미국의 경우 교육정치학이 하나의 학문 분야로 자리 잡은 것은 1970년대이지만, 교육과 정치가 무관하지 않다는 것을 극적으로 보여준 사건은 아마도 1954년의 브라운Brown 판결일 것이다(Scribner & Englert, 1977). 브라운 판결은, 학교가 정치로부터 독립적·자율적으로 운영되는 것이 아니라, 학교도 정치권의 영향을 받을 수 있다는, 구체적으로 사법부의 심사 대상이 될 수 있다는 것을 드러내 주었다. 집에서 가까운 백인 학교를 두고 멀리 떨어져 있는 흑인 학교를 다녀야 하는 브라운의 부모는 자녀가 가까운 학교에 다닐 수 있게 해달라고 법원에 제소했고, 대법원은 그동안 유지되어 왔던 '분리와 평등separate but equal'의 원칙이 잘못되었다는 판결을 내렸다. 이에 따라 학교에 대한 흑백 분리 정책에 근본적인 변화를 가져오게 되었다. 그리고 1960년대 뉴욕 주에서 거세게 일어났던 교사들의 파업은 갈등 없는 교직 사회의 이미지를 손상시켰다. 이 사건을 계기로 학교와 학교 운영에서의 갈등, 즉 정치가 교육 활동의 일부라는 것이 받아들여지기 시작했다고 할 수 있다.

1970년대에 들어서서 학교는 정치 구조와 정치 참여자들의 변화 속에서 더욱더 큰 정치적 소용돌이를 경험한다. 학교와 관련된 모든 이해집단들이 자기들의 이해관계를 관철시키는 데 가능한 모든 자원을 동원하면서 학교는 갈등의 한가운데 놓이게 되었다. 이제 학교가 소위 교육 전문가들의 손에 맡겨져 알아서 돌아간다고 관대하게 보아주는 집단은 하나도 없다고 해도 과언이 아니다. 미국은 전통적으로 학교가 지역사회를 중심으로 비교적 자율성을 가지고 운영되어 왔다. 그러나 1980년대 경제 위기로 말미암아 연방 정부와 주 정부 중심의 교육개혁이 추진되었고, 이에 따라 학교의 자율성도 많이 상실된 것이 사실이다. 요컨대, 학교가 정치의 무풍지대가 아니라는 것은 이제 누구에게나 진실로 비쳐지고 있다. 이런 상황에서 교육정치학은 학교에서 무엇을 왜 가르쳐야 하는가에 관심이 있는 것이 아니라, 학교에서 이루어지거나 학교와 관련해서 이루어지는 모든 정책 결정 과정에서 드러나는 '정치적'인 특성에 관심이 있다(Wirt & Kirst, 1982).

교육 활동과 정치 활동이 만나는 영역을 연구의 대상으로 삼고 있는 교육정치학은, 다른 사회과학이나 기존 교육학의 여러 하위 학문 분야에 비해 그 출현이 늦은 편이라고 할 수 있다. 우리나라의 교육정치학은 이제 시작된 분과학문이라고 해도 과언이 아니다(안기성, 1994). 교육 활동이 분명히 정치와 관련을 맺고 있음에도 오랫동안 이에 대한 학문적 탐구가 활성화되지 않았던 이유는 다음 세 가지로 나누어 설명할 수 있다. 첫째, 정치학자들의 무관심, 둘째, 교육에 대한 비정치의 신화, 그리고 정치적 환경(김재웅, 2001a).

첫째, 교육정치학의 늦은 출현은 정치학의 성격과 연구 전통 때문이라고 할 수 있다. 위에서 언급했듯이, 교육정치학이 탐구 대상으로 삼은 것은 주로 학교와 관련해 일어나고 있는 각종 정치 현상이다. 따라서 이것은 마땅히 정치학자들이 관심을 기울였어야 하는 분야이다. 학교에서 일어나는 일이라고 해서 모두 교육학자의 전유물이 될 수 없을진대, 많은 정치학자들은 학교와 관련해 이루어지고 있는 정치 현상에 대해 학문적으로 세심한 주의를 기울이지 못했다. 만일 이들이 학교 안에서 또는 학교와 관련해 이루어지고 있는 정치적 현상들에 대해 탐구를 시작했더라면, 정치학 연구 대상의 확장에 크게 기여할 수 있었을 것이다.

정치학자들이 오랫동안 교육정치학의 탐구 대상에 관심을 기울이지 못한 것은 아마도 정치학의 뿌리와 관련이 있을 것이다(Scribner & Englert, 1977). 정치학은 전통적으로 다른 사회과학처럼 도덕철학의 일부로 간주되었다. 정치학의 초기 관심은 '잘 사는 것good life'이 무엇이냐에 관한 규범적 논의에 있었던 것이다. 그 이후 정치학은 국가의 공식적인 통치와 이를 위한 법률구조에 대한 논의가 주를 이루었던 법률주의에 지배되었다가, 19세기 말부터 1930년대까지는 압력집단의 활동이나 갈등 등 정치적 사실을 구체적으로 기술하려고 주력한 실재주의의 영향 아래 놓였다. 그러나 흥미롭게도 이 시기의 정치학자들에게 학교는 갈등이 없는 조화로운 조직으로 비쳐져 정치학적 분석의 대상이 되지 못했다. 제2차 세계대전 이후에 발전된 행동주의가 정치학에 도입되면서 학교도 연구 대상이 될 수 있다는 생각을 갖게 되었고, 정책이나 정치체제를 비교 연구하는 가운데 학교와 관련된 연구들이 이루어지기 시작했다. 교육 정치학 연구에서 정치학자들의 이론이나 방법이 활용된 것은 자연스러운 일이다. 그럼에도 정치학자들의 교육정치학 연구가 최근에 들어서야 활기를 띠게 된 것은 다음에 논의할 '교육에 대한 비정치의 신화myth of apolitical education'가 워낙 오랫동안 지배해 왔기 때문이다.

둘째, 교육정치학 연구가 일천한 이유는 무엇보다도 '교육에 대한 비정치의 신화' 또는 '교육의 정치적 중립성 신화' 때문이라고 할 수 있다. 미국에서는 20세기 초반, 지방의 교육 운영에 정치의 타락상이 그대로 나타나 '정치로부터 교육의 독립'이 필요하다는 주장이 제기되었다. 이후 일반인들로 구성된 교육위원회보다는 학교 운영을 전문적으로 교육받은 교육감에게 더 많은 권한을 주는 쪽으로 바뀌었다. 한편, 정치와 행정의 이원론이 풍미하는 가운데, 교육을 과학적으로 관리하고 효율성을 추구하는 교육행정의 흐름(Callahan, 1962; Tyack, 1974)도 교육 전문가들이 학교를 운영하도록 뒷받침해 주었다. 1900년대 초반 교육개혁의 구호가 '중앙집권화, 전문화, 비정치적 통제, 효율성'(Wirt & Kirst, 1982) 등이었다는 사실은 당시 교육의 비정치화에 대한 요구가 얼마나 강했는지를 보여준다.

그러나 '교육과 정치는 분리되어야 한다'는 주장은 자칫 교육은 전문적이고 고상한 활동이니까 정치는 신경을 쓰지 말라는 것으로 이해되고, 이것은 소위 교육 전문가가 학교제도 운영 전반을 독점하겠다는 것으로 이해될 소지가 있다. 미국의 경우 교육의 비정치화 논리가 득세하는 가운데 교육 전문가들이 권력을 행사해 온 것이 사실이다. 이러한 역사적·이데올로기적 맥락 속에서 기존 교육학자나 교육 관료들이 교육정치학 분야에 관심을 가질 필요가 없었다고 할 수 있다. 어쩌면 이들은 전문성의 이름으로 교육 권력을 유지하기 위해, 교육의 특수성을 부각시키는 한편 교육 활동의 정치적 측면을 고의적으로 무시했을지도 모른다.

공교육이 특정 정치 이데올로기나 종교적 교리 주입의 수단으로 활용되어서는 안 된다는 점에서 교육의 정치적 중립이나 비정치는 의미가 있다. 그러나 어떠한 교육 활동도 정치로부터 자유롭지 않고, 교육도 나름대로 정치에 영향을 미치고 있으며, 김용일(1995)이 잘 지적하고 있듯이, 교육 운영 자체가 정치적인 성격을 지니고 있다는 점에서 '교육의 정치적 중립'이나 '비정치'는 일종의 신화일 수 있다.

끝으로, 교육정치학에 대한 논의가 억제되어 온 이면에는 우리나라의 특수한 정치 상황이 작용했다고 할 수 있다. 강무섭(1994, p.81)은 이 점에 관해 다음과 같이 적고 있다.

정치 분야에서는 교육문제에 대한 우리나라 국민들의 독특한 관심 때문에 교육문제를 정치권에 끌어들이는 것을 뜨거운 감자처럼 생각한 적도 있다. 그러나 우리나라에서 교육과 정치를 연계시키는 '교육정치학' 연구가 활성화되지 못했던 더 근본적인 이유는 그동안 군사독재 정권하의 정치 풍토와 정치 문화 때문이라고 볼 수 있다. 즉 교육과 정치의 문제를 공공연하게 연계시켜 논의할 수 있는 '장'이 마련되지 못했으며, 많은 교육문제의 해결 내지는 교육개혁의 논의도 정치학적 접근 내지 관점에서 논의하는 데 한계가 있었기 때문이다.

그동안 우리나라의 경직된 정치 풍토로 말미암아 교육체제 안에서의 정치가 활성화되지 못해 전국의 모든 학교가 마치 하나의 학교인 양 획일적으로 운영되는 상황 속에서 교육정치학적 분석이 크게 의미를 지니지 못했다고 볼 수도 있다. 그러나 따지고 보면 대부분의 교육정책을 중앙의 정치권이 좌우해 왔다는, 즉 교육정책이 정치의 논리와 필요에 따라 그때그때 결정되어 왔다는 이야기를 학자들이 용감하게 하지 못했다고 볼 수도 있다. 학문 연구가 정치적 풍토의 영향을 받는 것은 사실이다. 교육정치학 연구가 정치적 상황 하나 때문에 활성화되지 못했다고 주장하는 것은 다소 무리가 있으나, 적어도 강무섭의 주장에 따르면, 우리나라에서 교육정치학 연구를 드러내 놓고 할 수 있게 된 것은 우리 정치 문화가 그만큼 성숙했으며 우리 사회가 그만큼 민주화되었다는 의미다. 교육정치학에 관한 본격적인 탐구가 다른 분과학문에 비해 그 시작이 다소 늦기는 했으나, 최근 들어 이 분야의 연구는 매우 활발하게 진행되고 있다. 아마 교육정치학 연구는 앞으로 더욱더 활성화될 것이다.

2 교육정치학의 탐구 영역

정치적 관점은 삶의 전 공간에 편재해 있는 보편적 현상으로서의 정치에 주목한다. 이러한 관점에서 정치는 '개인이나 집단이 수단 방법을 가리지 않고 자기가 원하는 것을 획득하기 위해 권력을 행사하는 과정'이다(Heywood, 1997: 10). 즉 정치라는 삶의 양상은 사회 속에 편재해 있다고 할 수 있다(Leftwich, 1984). 교육과 정치의 관계에 주목하는 교육정치학이 지금까지 관심을 가지고 탐구해 온 영역은 다음 세 가지이다. 첫째, 정치제도에 대한 교육의 영향, 둘째, 교육제도에 대한 정치의 영향,

끝으로 교육제도의 운영에 나타나는 정치적 요소 등. 이 세 가지 탐구 영역에 대해 차례로 살펴본다(김재웅, 2001a).

정치제도에 대한 교육의 영향

사실 동서고금을 막론하고 정치를 하거나 연구하는 사람들은 교육에 많은 관심을 가져왔다. 플라톤의 『국가론』에서는 국가의 여러 기능을 담당할 다양한 인재들을 그 특성에 맞게 기르고자 국가 교육제도를 제언하고 있으며, 최고 통치자 또는 정치 엘리트를 철인 왕philosopher king으로 기르는 구체적인 교육 방법과 과정까지 제시하고 있다. 공자도 좋은 관리를 등용해야 국가를 잘 유지할 수 있다는 전제하에 군자君子의 양성을 교육의 이상으로 삼았다. 산업혁명 이후 근대에 들어와서도 선진 제국들은 국민교육제도를 앞다퉈 형성해 전반적인 교육 수준의 향상을 꾀하면서 국가의 정치적·사회적 통합을 이루고자 했다. 최근에도 여러 나라에서 정권을 새롭게 잡은 권력집단들이 학교교육으로 정권의 정당성을 홍보하고자 하는 노력을 찾아볼 수 있다.

이렇듯, 정치권이 교육에 관심을 가지는 것은 어떠한 방식으로든 정치 체제의 유지와 발전에 교육이 도움을 줄 수 있다는 믿음 때문이라고 할 수 있다. 교육의 이러한 특성은 알뛰세가 교육을 국가를 유지시키는 이데올로기적 국가기구로 간주한 데에서도 잘 나타난다. 데일(Dale, 1989)은 그의 저서 『국가와 교육정책』에서 국가와 교육의 역동적인 관계를 여러 가지 사례를 들어가면서 잘 설명하고 있다. 교육이 정치제도에 미치는 영향이 정치 쪽에서 기대하는 것과 항상 똑같은 방식으로 나타나는

지는 경험적으로 검증이 필요하지만 교육이 정치제도에 모종의 영향을 미친다는 것은 부인할 수 없다.

한 국가의 정치권력을 장악한 집단은 기존의 권력관계가 지속되기를 바란다고 상정할 수 있다. 국가 수준에서의 권력관계를 정치체제라고 할 때, 이 정치체제를 어떻게 하면 유지할 것인가에 관심이 있는 정치권력 집단은 아이들과 국민을 동일한 이데올로기, 가치관, 사회관을 공유하도록 하는 데 관심이 있다. 국민의 동질성과 일체감을 유지하는 데 기여하고 있는 사회적 기관에는 가정, 학교, 교회, 매스컴 등 여럿이 있다.

전통적으로 많은 정치가들과 정치 이론가들은 이 가운데 학교교육이 국가 형성과 정치체제 유지에 미치는 영향에 관심을 가져왔다. 예컨대 플라톤, 공자 등 이상적인 사회를 꿈꾸던 사상가들도 교육이 정치체제를 유지시키고 발전시키는 데 중요하게 공헌한다고 믿고, 이를 위한 이상적인 교육제도의 모습을 제시하기도 했다. 종교개혁을 주도했던 루터와 칼뱅도 학교제도를 통하여 종교적 신념과 가치를 주입시켜 국가 형성에 이바지하도록 해야 한다고 생각했다. 「독일 국민에게 고함」으로 유명한 피히테Fichte도 "개인이 자기 멋대로 생각하고 행동하지 못하도록 학교가 길들일 필요가 있다"고 하면서 학교제도가 국가 형성에 이바지하여야 한다고 생각했다. 1717년 세계에서 처음으로 국가 공교육제도를 확립한 프러시아가 막대한 국가재정을 투입하여 학교를 세우고 아동교육을 담당할 교사를 양성한 것은 교육을 통하여 국가를 형성하고자 하는 목적이 가장 컸다고 할 수 있다. 한편, 1852년 매사추세츠 주에서 시작되어 전국으로 퍼져 나가기 시작한 미국의 공립학교제도는 프러시아를 모델로 삼았다고 알려져 있다. 미국 공립학교는 의무취학법에 의해 발전되어 왔는데, 의무취학법은 일정 연령의 아동을 부모와 여타의 문화적 영향으로부터 분리시켜 공립학교와 교사가 이들의 교육을 담당함으로써 선한 시민을 양성하고 동일한 국민 문화를 형성하는 데 그 취지가 있다(Richman, 1995).

위에서 살펴본 것처럼 교육과 정치의 관계를 교육의 외재적인 기능, 특히 정치사회화 기능에 주목해 파악하려는 접근은 권력관계의 유지라는 정치적 현상에 일차적인 관심이 있는 정치학자들의 접근 방식이라고 할 수 있다. 여기에서 정치사회화란 '한 개인이 특정 정치체제의 규범과 가치를 내면화하는 과정' 또는 '정치적·사회적 가치가 한 세대에서 다음 세대로 전달되어 가는 과정'(Massialas, 1969: 20-21)을 가리킨다. 교육과 정치의 관계에 정치학적 접근을 취하는 경우, 교육은 바로 이러한 정치사회화 기능 때문에 정치가들과 일반 시민들의 관심 대상이 된다.

정치적 사회화 이외에 정치학적 관심의 또 다른 대상은 정치적 충원 또는 선발의 문제와 정치적 통합의 문제이다. 전자는 교육이 어떤 정치지도자를 정치제도로 투입시켜 나가는지에 관심이 있다. 일반적으로 기존 정치체제에 호의적이지 않은 사람은 정치체제에 입문하지 못하도록 학교가 이들을 걸러내 학교체제 밖으로 방출시키는 역할을 수행한다고 알려져 있다. 일부 국가에서는 이러한 과정에서 기존 정치 엘리트의 자제들이 정치적으로 중요한 지위를 차지하는 경향이 있어, 엘리트와 대중 사이의 간격이 계속 넓어지는 경향을 보이기도 한다. 우리나라의 경우, 1960년대 이후 군 출신 대통령이 정권을 장악했던 기간에는 군 엘리트와 함께 학계, 법조계, 관계, 정계 등 다양한 출신의 민간 엘리트들이 비교적 능력에 따라 정치적 지배 계층으로 충원되는 개방적 충원 구조를 가지고 있었으나, 문민정부 이후에는 군부 엘리트가 차지했던 자리를 주로 명문대(특히 서울대, 그중에서도 법대) 출신이 차지하는 학연 중심의 폐쇄적 충원 구조로 바뀌었다(정우탁, 1997).

한편, 정치적 통합은 정치적 사회화의 결과라고 할 수 있는데, 똑같은 현상을 정치체제의 관점에서 기술하는 것이라고 할 수 있다. 정치적 통합을 탐구하는 정치학자는 다양한 인종, 문화, 가치관들이 조화를 이루며 하나의 국가로 통합되는 과정에서 학교교육이 어떠한 역할을 수행하는지에 관심이 있다. 예컨대 미국의 경우 다양한 국가들로부터 온 이민자들을 하나의 국민으로 통합시키는 데 학교교육이 성공한 사례로 지적되고 있다. 반면에, 영어를 사용하는 국민과 프랑스어를 사용하는 국민 사이에 계속 갈등이 드러나는 캐나다는, 학교교육이 정치적 통합을 이루어 내는 데 크게 기여하지 못한 것으로 지적되고 있다(Massialas, 1969).

교육제도에 대한 정치의 영향

교육이 정치체제에 대하여 정치사회화, 정치적 정당화, 통합, 충원 등의 역할을 수행한다고 할 때, 정치권의 입장에서는 교육 부문이 가능한 한 이러한 역할을 효율적으로 수행하기를 기대할 것이다. 따라서 그냥 내버려두지 않고 정치체제의 이해관계를 최대한 반영하는 쪽으로 교육제도가 움직이도록 영향력을 행사하리라는 점을 예측할 수 있다. 교육제도에 대한 정치의 영향은 교육정치학의 중요한 탐구 영역을 이룬다. 그러나 흥미롭게도 아직까지 상당수의 사람들이 '교육의 정치적 중립', '교육의 전문성', '교육의 자율성' 등의 이름으로 '교육에 대한 비정치적 신화'를 신봉하고 있다. 이들은 정치란 '더러운 것'이고 교육은 '고상한 것'이라는 이분법적인 사고 속에서 교육에 왜 정치를 끌어들이느냐고 비판하는 경향이 있다. 앞에서 언급했듯이, 이러한 '비정치의 신화'는 교육정치학이 하나의 분과학문으로 출현하는 데 큰 장애가 되었던 것이 사실이다.

교육과 정치의 관계에 대한 두 번째 접근은 정치가 교육제도에 어떠한 방식으로든지 영향을 미치고 있으며, 따라서 교육 실천의 구조와 과정이 이러한 정치적 영향으로부터 결코 자유롭지 않음을 드러내려는 데에 관심이 있다. 이러한 관점에서 이루어진 교육정치학 연구들은 교육과 관련된 여러 활동과 결정들이 정치 중립적으로 이루어지는 것이 아니라, 다분히 정치적인 의도와 계산 속에서 이루어지고 있음을 경험적인 자료를 근거로 드러내고자 한다.

교육제도에 미치는 정치의 영향에 대한 교육정치학의 관심은 학자의 배경과 관심에 따라 그 영역이 국가 수준으로부터, 시·도, 시·군, 학교, 심지어 교실 수준에 이르기까지 다양하다. 구체적으로 각 수준별로 교육정치학이 관심을 가지고 있는 주제는 교육의 기회균등, 선발, 교육과정과 교재, 교사 양성, 교육체제 구성원들의 정치적 행동반경 등이다.

한국교육행정학회에서 1983년부터 발간한 학술지인 『교육행정학 연구』에서도 교육정치학적 접근을 발견할 수 있으나, 한국교육정치학회에서 1994년 창간한 『교육정치학 연구』에 발표된 논문을 중심으로 교육체제에 미친 정치체제의 영향에 대하여 이루어진 교육정치학적 접근을 개관하고자 한다.

『교육정치학 연구』 창간호에서는 교육 실천에서 중요하다고 생각되는 몇 가지 영역, 즉 교육과정(김두정, 1994), 교육 선발(김재웅, 1994), 교육 인사(김성열, 1994), 교육재정(최준렬, 1994) 등에 정치가 어떻게 관련되어 있는지 정치학적으로 접근을 시도하고 있다. 이 논문들은 공통적으로 학교 교육에서의 다양한 실천들이 직·간접으로 정치체제의 영향을 받고 있음을 '폭로'하고 있다.

1996년도에는 한국의 교육개혁이 지니고 있는 정치적 함의를 주제로 다양한 논문이 발표되었다. 「한국 교육개혁의 정치학」(안기성, 1996), 「제3공화국의 교육개혁과 정치」(정재걸, 1996), 「1980년대의 교육개혁의 정치적 의미와 교육적 의미: 졸업정원제와 과외금지 정책을 중심으로」(김재웅, 1996), 「제6공화국 교육개혁의 정치학」(최준렬, 1996), 「현 정부의 교육개혁의 정치학: 5·31교육개혁안의 형성 과정을 중심으로」(신현석, 1996) 등. 이 논문들은 새로운 정부가 들어설 때마다 거창한 구호와 미사여구로 치장되는 교육개혁안들이 교육적인 논리와 탈을 쓰고 발표되지만 이러한 개혁안들이 지배 집단의 정치적 정당성을 강화하고 정치권력을 재생산하려는 의도와 늘 밀접히 관련되어 있었음을 여러 가지 증거를 기초로 입증하고 있다. 즉 이들은 교육개혁이 정치적인 숨은 목적을 달성하기 위해 추진되는 경향이 있음을 보여준다.

이후에도 교육개혁의 일환으로 이루어지고 있는 교육기관 평가에 대한 정치학적 분석을 시도하는 논문들이 다수 발표되었다. 예컨대 「교육행정기관 평가의 정치학」(송기창, 1998), 「초·중등교육기관 평가의 정치학」(정일환, 1998), 「고등교육기관 평가의 정치학」(김남순, 1998), 「교원교육기관 평가의 정치학」(박남기, 1998) 등의 논문은 교육기관의 평가가 질을 향상시키겠다는 순수한 의도로 도입되었다기보다는 다분히 정치적인 목적을 지니고 도입되었음을 보여준다. 즉 이들 연구는, 자율화의 물결 속에서 약화되어 가고 있던 지방자치단체와 교육기관에 대한 교육부의 권한을 강화해야겠다는 정치적 의도가 교육기관 평가에 숨어 있었음을 과감하게 드러내고 있다.

교육제도의 운영에 나타나는 정치적 요소

교육정치학의 세 번째 탐구 영역은 교육제도의 운영에 나타나는 정치적 요소에 대해서다. 여기에서는 모든 교육제도가, 그것이 교실 수준이든 학교 수준이든, 아니면 지방 교육체제 수준이든 국가 수준이든, 그 자체가 정치적 원리에 따라 돌아간다는 점에 주목한다. 즉 교육제도라고 해서 정치적 요소로부터 자유로운 순수하고 고상한 체제가 아니라, 그 역시 사람 냄새나는 정치적인 조직의 성격을 띠고 있고 띨 수밖에 없다고 보는 것이다. 교육정치학의 세 번째 탐구 영역에 관심이 있는 연구자는 교육체제 안에서 각종 중요한 결정을 할 때나 교육 프로그램을 운영하고자 할 때 이해관계를 달리하는 집단들이 자기의 이익을 극대화하기 위한 과정에서 갈등할 수 있고, 이는 정치적 과정을 통하여 해결될 수밖에 없다는 것을 드러내고자 한다.

이러한 접근은 교육제도의 운영에서 일어나는 정치 현상에 대한 정치학적 탐구의 확장이라고 할 수 있으며, 동원되는 연구 방법론도 정치학의 연구 방법론이다. 이 접근은 교육제도가 사회에 고립되어 존재하지 않는 한, 그 안에도 권력관계를 핵심으로 하는 정치 현상이 있다는 사실에 주목한다. 이러한 맥락에서 교육정치학적 접근이 교육정책 결정 과정이나, 학교와 교실에서의 교육 실천 과정에서 나타나는 교육 관련 이해집단 간의 갈등과 힘겨루기, 그리고 이 해결 과정에 관심을 갖는 것은 자연스럽다고 할 수 있다.

학교 수준에서의 정치 현상은 영화로 더 유명해진 이문열의 『우리들의 일그러진 영웅』에서도 찾아볼 수 있다. 이 소설은 학교 안에서 학생들 간에, 그리고 학생들과 교사 사이의 권력관계가 어떻게 형성되고 변화해 가는지를 사실적으로 잘 묘사하고 있다. 그밖에도 학교 안에서의 정치 현상은 교사들 간에, 교장과 교사들 사이에, 교사와 행정직원 사이에서 발견된다. 그리고 최근에는 학교운영위원회를 중심으로 학부모와 지역사회 인사까지 이러한 정치 현상을 만들어 내고 있다. 이것은 소위 학교의 미시정치학micro-politics of school이라는 이름하에 연구되고 있다(Ball, 1987; Malen, 1995).

우리나라 교육정치학회지에서도 이런 문제의식을 가지고 수행된 연구들이 여러 편 실려 있다. 예컨대 『교육정치학 연구』 제4집에서는 교육에서의 통치governance 구조 문제를 집중적으로 조명했다. 구체적으로 「교육에서의 거버넌스의 문제와 그의 장래」(안기성, 1997), 「중앙 수준에서의 거버넌스 문제와 교육」(이일용, 1997), 「지방 수준에서의 거버넌스 문제와 교육」(신현석·이은구, 1997), 「단위 학교에서의 거버넌스 문제와 교육」(김성열·조석훈, 1997), 「교육위원회 구성에서의 정당 관여의 문제에 대한 고찰」(김용일, 1997), 「지방교육자치제도의 기본 원리와 운영 구조」(이차영, 1997) 등의 논문이 있다.

그리고 교원이 학교체제에서 차지하고 있는 정치적 위상과 의미에 대한 논문들이 다수 발표되었다. 예컨대 「한국 사회의 교원과 정치」(안기성, 1998), 「교육정치학적 관점에서 본 교사양성체제」(김재웅, 1998), 「교원 임용의 정치학: 중등교원 신규 임용을 중심으로」(김용일, 1998), 「교직단체의 정치학」(김혜숙, 1998), 「교원양성체계 구조조정의 정치학」(조동섭, 2004), 「교사 평가의 정치학」(김재웅, 2008) 등이다. 이 논문들은 교사들이 그저 순진하게 아이들을 사랑하고 교실에서 주어진 것을 열성적으로 가르치는 사람들이 아니라, 그들도 더 많이 소유하려 하고 더 높은 권력을 향유하려는 욕구를 가진 정치적인 인간임을 보여주고 있다.

3 홈스쿨링 운동에 대한 교육정치학적 탐구 가능성

의무취학제도 아래에서 홈스쿨링을 선택하는 것은 어떤 점에서 보면 개인적인 수준에서 일어나는 현상이라고 할 수도 있다. 그러나 이미 정착되어 있는 의무취학제도에 의도적으로 저항하고 있는 홈스쿨링은 교육정치학의 탐구 대상으로 충분히 주목받을 만하다. 특히 홈스쿨링이 합법화되는 과정에서 발생한 각종 법적 소송은 홈스쿨링이 결코 정치적으로 중립적인 현상이 아님을 보여준다. 더 나아가 홈스쿨링이 하나의 사회운동으로 발전되는 과정에서 보이는 이해집단 간 갈등은 교육제도 속에 정치적 요소를 드러내고자 한 교육정치학의 적절한 탐구 대상이 된다.

그러나 우리나라에서는 1999년 1월 창간된 대안교육 전문 잡지 『민들레』가 중심이 되어 홈스쿨링을 소개해 왔고, 언론에서 홈스쿨링 사례를 종종 다루기는 했으나, 홈스쿨링에 대하여 교육정치학적 분석을 이론적 측면에서 시도한 연구는 별로 없었다. 예컨대, 홈스쿨링에 관한 논문으로는 김민환(2000), 김선요(2005), 서덕희(2002, 2006a, 2006b), 유명복(2005), 염철현(2001), 이병환(2008), 이혜영(2000) 등이 있고, 저서로는 미국에서 출판된 홈스쿨링 관련 저서를 번역한 것 이외에 김종우·유은희(2003), 민들레 편집실(2000), 서덕희(2008) 등을 찾아볼 수 있다. 이러한 연구들은 연구자의 관심과 시각에 따라 나름대로 홈스쿨링을 이해하는 데 도움을 주고 있다. 일부 연구가 홈스쿨링을 실시하고 있는 가정들을 참여 관찰하면서 그것의 교육적 의미를 찾아내는 한편 한계를 지적하고 있지만(서덕희, 2006b), 대부분의 연구와 저술은 미국 또는 우리나라의 홈스쿨링 현황을 소개하고 미래를 전망하는 데 그치고 있다.

홈스쿨링에 관한 교육정치학 탐구도, 일반적인 교육정치학의 세 가지 탐구 영역을 적용할 수 있다. 즉 정치제도에 대한 홈스쿨링의 영향, 교육제도로서의 홈스쿨링에 대한 정치의 영향, 홈스쿨링 운동에 나타나는 정치적 요소 등을 교육정치학적 관점에서 분석할 수 있다.

우선, 홈스쿨링 운동 초기에 정부, 교육청, 교원단체 등이 홈스쿨링에 부정적인 입장을 견지한 것은 홈스쿨링이 정치사회화와 사회적 통합이라는 공교육제도의 목적에 위배된다고 판단했기 때문인데, 이에 대해서는 홈스쿨링이 정치체제에 미치는 영향 측면에서 분석이 가능할 것이다. 이에 대하여 애플(Apple, 2000), 라이크(Reich, 2002) 등 일부 학자들은 현행 홈스쿨링이 사회적 통합에 긍정적인 영향보다 부정적인 영향이 더 크므로 이에 대한 국가의 통제가 더욱 강화될 필요가 있다고 주장하기도 한다. 그러나 이후에 홈스쿨링이 합법화된 것은 그 결과가 정치사회화, 사회적 통합, 정치적 선발 등에서 나름대로 긍정적인 평가를 받았기 때문으로 이해할 수 있다. 이 책의 2장, 4장, 6장, 8장은 이러한 관점에서 홈스쿨링을 분석하고 논의한 내용을 담고 있다.

둘째로, 교육제도로서의 홈스쿨링에 대한 정치의 영향은 위의 내용과 긴밀히 연결되는데, 이러한 관점에서 탐구한 결과는 3장, 5장, 8장, 9장에서 소개한다. 이는 주로 홈스쿨링의 합법화에 대한 정치권의 대응과 관련이 있다. 이러한 관점에서 미국의 홈스쿨링 운동을 집중적으로 다룬 연구로는 쿠퍼와 쉬로(Cooper & Sureau, 2007)의 「홈스쿨링의 정치학」 이란 논문을 들 수 있다.

끝으로, 홈스쿨링 운동에 나타나고 있는 정치적 요소를 탐구 과제로 삼을 수 있다. 이 책에서는 4장과 7장의 내용이 이에 해당한다. 김재웅 (1999)의 「홈스쿨의 교육적·정치적 의미」는 우리나라에서 이러한 관점으로 홈스쿨링을 분석한 첫 논문일 것이다. 라스웰(Lasswell, 1936)이 자신의 저서, 『정치: 누가 무엇을, 언제, 어떻게 얻는가?*Politics: Who Gets What, When, How?*』에서 잘 간파하고 있듯이, 인간의 욕구와 욕망은 무한한 반면에 그것을 충족시켜 줄 수 있는 자원은 항상 한계가 있으므로, 희소 자원을 획득하기 위한 갈등과 투쟁이 생기게 마련이다. 홈스쿨링도 하나의 사회운동으로 발전해 가면서 예외 없이 관련 이해집단 간에 대표적인 희소 자원이라고 할 수 있는 돈과 권력을 둘러싸고 갈등이 나타나고 있다는 점에서 교육정치학적 분석이 요구된다고 할 수 있다.

2장

홈스쿨링의 개념과 의의

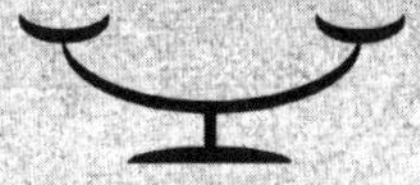

2장에서는 홈스쿨링의 개념을 살펴보고, 교육제도의 발달 과정에서 지니는 의의에 대하여 살펴본다. 이와 관련하여 교육, 학교, 그리고 홈스쿨링의 관계를 살펴보고 홈스쿨링이 학교에 비해 교육적으로 유리한 이유에 대하여 논의하고자 한다. 끝으로 의무교육과 의무취학 개념의 구분 속에서 홈스쿨링의 의미를 다시 한 번 조명해 본다.

1 홈스쿨링의 개념과 의의

홈스쿨링은 가정home[1])과 학교 다니기schooling라는 두 용어가 합해진 말로, 학령기의 아동을 학교에 보내지 않고 학부모가 직접 또는 다른 사람들과 자원(예: 튜터, 인터넷, 가정학습지, 도서관 등)의 도움을 받아 가정을 중심으로 학교가 하는 일을 수행하는 활동을 가리킨다. 어떤 이들은 부모가 가정에서 자녀를 교육하는 일을 홈에듀케이션home education, 홈러닝home learning 또는 홈인스트럭션home instruction으로 부르며 홈스쿨링과 구분하고자 한다. 이들은 자기들이 하고 있는 것이 근대적인 학교제도가 도입되기 전에 가정에서 자녀들에게 하던 것을 할 뿐이지 결코 새로운 게 아니라는 점을 강조한다. 특히 학교에 거부 반응이 심한 사람들일수록 자기들이 가정에서 자녀에게 해주는 것에 대해 스쿨링이라는 말을 사용하기를 꺼려하는 경향이 있다. 그러나 아래에서 좀더 자세히 논의하겠지만, 엄밀히 말하여 그들이 가정에서 자녀에게 '교육'의 이름으로 시행하는 것을 모두 교육이라고 볼 수는 없다. 일리치가 탈학교deschooling를 이야기하고, 홀트가 언스쿨링unschooling을 주장하지만, 이들 용어는 제도로서의 학교에 대한 반발과 비판으로는 적합하나 여기에서 다루고자 하는 홈스쿨링과는 거리가 있다. 한편, 홈스쿨링이 홈home보다는 지역사회의 다양한 교육자원을 활용하는 경우가 많다는 점에서 지역사회 기반 교육community-based education이 더 적절한 표현이

---

1) 우리말의 가정에 해당하는 영어, home의 개념과 의의에 대해서는 6장 홈스쿨링 운동의 사회적 배경에서 좀더 자세히 다룬다.

라고 주장하는 사람도 있다. 그러나 여전히 가정이 중심이 되어 학교가 담당해야 하는 자녀의 교육을 책임지고 운영한다는 점에서 홈스쿨링이라는 용어가 더 적절하다고 보고 여기에서는 홈스쿨링이라는 용어로 통일하여 사용하고자 한다.

사실 근대적인 의미의 학교제도가 뿌리를 내리기 전에도 이미 각 가정에서는 삶에 필요한 모든 것을 자녀들에게 가르쳤다. 이 시기에는 공교육체제가 충분히 발달하지 않아 상당수 아동이 학교에 다닐 수가 없었기에 어쩔 수 없이 집에서 교육을 받았고, 일부 부유한 계층 자녀들은 가정교사를 통해 교육을 받았다. 그러나 이때에 부모나 가정교사가 자녀에게 글을 가르치고, 기초적인 직업 기술을 전수하며, 사회생활에 필요한 가치와 규범을 내면화하도록 한 것이나 아이가 독학을 통하여 글을 읽고 쓰게 된 것을 홈스쿨링이라고 하지는 않는다. 홈스쿨링은 의무취학제도의 출현과 관련이 있기 때문이다.[2] 즉 홈스쿨링은 역사적으로 일정 연령의 아동이 국가가 인정하는 자격을 지닌 사람(교사)에 의해 국가가 인정하는 장소(학교)에 가서 국가가 정해 주는 내용(국가 교육과정)을 의무적으로 공부해야 하는 사태와 직접적으로 관련이 있다는 말이다. 이러한 점에서 홈스쿨링은 국가가 일반적으로 강요하는 아동교육에 저항하는 일종의 사회운동이라고 할 수 있다. 다시 말하면, 사적 생활 영역에 국가의 간섭이 증가하고 있는 현대사회에서 홈스쿨링 운동은 '공교육 등 제도적인 형태로 가정이 식민지화되는 것에 대한 일종의 반발'로서 '자기가 자유롭게 선택한 삶의 방식에 따라 살면서 국가의 간섭으로

---

2) 의무취학제도와 홈스쿨링의 관계는 4장에서 집중적으로 다룬다.

부터 가정의 가치와 신념을 보호하고자 하는 운동'(Mayberry et al, 1995: 102)이라는 의미가 있다.

홈스쿨링은, 특히 1970년대 초반 일리치, 라이머, 홀트 등이 공교육제도를 강도 높게 비판하는 가운데 자녀교육에 대한 보수 기독교적 가치를 지향하는 무어 부부의 지도력에 힘입어 일종의 사회운동으로 발전했다. 미국의 홈스쿨링 운동은 지난 30여 년 동안 가장 성공적인 교육운동 사례로 꼽히고 있다(Gaither, 2008a). 홈스쿨링에 참여하고 있는 가정들은 아동교육의 내용과 방법에 대한 주도권이 국가가 아닌 학부모에게 있다고 믿고 법적 투쟁을 벌여 왔다. 이러한 과정에서 지역마다 홈스쿨링 연합이 조직되어 압력단체 역할을 하고, 홈스쿨변호협회가 법적 투쟁을 도왔다. 한편, 홈스쿨러들이 학업 성취와 사회성 측면에서 일반학교 출신들에 비해 뒤떨어지지 않는다는 것이 검증되면서, 초기 홈스쿨링에 부정적인 입장이던 언론과 일반 여론이 긍정적인 쪽으로 태도를 바꾸게 되었다.

그 결과, 규제의 내용과 정도는 주에 따라 차이가 나지만 의무취학을 규정하고 있던 미국의 모든 주가 홈스쿨링을 합법적인 교육 형태로 인정하게 되었다. 이것은 교육과 학교, 의무교육과 의무취학의 개념을 이론적으로 구분하게 된 것과 무관하지 않으며, 적어도 의무취학제도가 추구하고 있는 정책 목표를 달성하는 데 홈스쿨링이 기여하고 있다는 것이 이론적·경험적으로 인정되었음을 시사한다. 한마디로, 홈스쿨링은 교육의 주도권을 국가에서 개인으로 돌려놓는 전환점을 마련하는, 교육제도사적으로 매우 중요한 역할을 담당하고 있으며, 앞으로 교육혁명을 가져올 수 있는 씨앗을 품고 있다고 할 수 있다(김재웅, 1999, 2009a).

2 학교, 교육, 그리고 홈스쿨링

학교가 교육에 관한 모든 언어와 학력을 독점하고 있지만, 학교와 교육은 결코 같은 것이 아니다. 여기에서는 학교와 교육의 의미를 차례로 살펴보고 이들 간의 관계를 논의한 후에, 홈스쿨링이 학교와 교육과 어떠한 관계에 있는지 논의한다.

학교에 관한 입체적 이해

교육은 인류가 지구상에 출현한 이래 꾸준히 실천해 온 고유한 삶의 양상 가운데 하나이다. 학교는 교육제도의 근간으로 국가가 교육에 적극적으로 관심을 갖고 개입한 결과 탄생한 것으로서 공식적으로 '교육'을 하라고 설립한 기관이다. 흥미 있는 사실은 대량적인 공교육이 학교를 통해 도입되면서 학교가 교육을 독점하게 되었고, 이것이 학교와 교육 사이에 아무런 차이가 없다는 느낌을 갖게 했다는 것이다(장상호, 1991, 1997, 2005; Richmond, 1975). "학교에서 공부하고 집에서는 논다"라는 말은 이것을 잘 보여준다. 그러나 엄밀히 말하면 학교는 '교육만' 하는 기관이 아니다. '교육도' 하는 기관이라고 해야 옳다. 학교는 분과학문의 관점에 따라 다양하게 해석될 수 있는 생활 세계이다. 학교를 탐구하면서 교육을 탐구하는 것으로 착각하는 것은 '교육=학교'라고 하는 신화를 믿고 있을 뿐만 아니라 일종의 범주 착오의 오류를 범하는 것이다(장상호, 1997). 학교는 교육적 맥락뿐만 아니라 정치적, 경제적, 사회적, 행정적, 종교적, 건축적, 사회심리적 맥락 등에서 이해될 수 있는 생활공간이다.

우선, 학교를 정치학적 관점에서 보면 정치가 부각되어 보인다. 국가가 교육에 관심을 갖게 된 이유는 다양하겠지만, 근대적인 국가를 형성해 가는 과정에서 동일한 언어, 이데올로기, 가치관, 문화를 국민에게 주입하여 강력한 국가를 형성하고자 하는 정치적 필요성을 떠나서는 설명하기가 쉽지 않다. 동서고금을 막론하고 정치권력을 잡은 집단은 학교를 집권 세력의 정당성을 확보하고 연장시키려는 정치적인 목적으로 이용해 왔다. 교과서 인정 제도, 교원의 양성 및 임용 제도, 각종 행정 지시 등에서 그러한 증거를 발견할 수 있다. 한편, 누가 권력을 많이 갖느냐와 관련된 보편적인 현상을 정치라고 할 때, 학교 안에서도 매일매일 정치적인 사건이 발생한다. 교장과 평교사, 교사와 학부모, 교사와 행정직, 때로는 교사와 학생들 사이에서 우리는 힘겨루기를 자주 목격한다. 이렇듯 학교 안의 정치는 학교라는 장소를 빌려 일어나고 있는 정치적인 현상이기 때문에 정치학이라는 관점에서 바라 봐야 잘 드러난다. 교육정치학은 학교의 이러한 정치적 특성을 폭로하는 데 기여해 왔다고 할 수 있다.

둘째, 경제학적 관점에서 보면 학교 안의 경제활동이 보인다. 경제는 돈의 흐름과 관련이 있다. 국가적으로 학교교육을 위해 얼마만큼의 재정을 투입할 것인가부터, 개별 학교에서 거두는 등록금과 학급 수준에서 발견되는 잡부금과 촌지에 이르기까지 돈과 관련된 일이 학교 안에서는 매일매일 발생하고 있다. 교장은 학교 회계에 따라 주어진 예산을 어디에 사용할 것인지 결정해야 한다. 이러한 일들은 비록 학교라는 공간에서 이루어지기는 하지만 교육이 아니라 경제활동이다. 이 세계는 경제학이라는 관점으로 봐야지, 교육학이라는 관점에서 본다고 보이는 세계가 아니다.

셋째, 학교와 관련해서 사람들의 관심을 끄는 일은 개인이 사회경제적 지위를 획득하는 데, 학교교육체제 안에 얼마나 오래 머물러 있었느냐(學歷)와 어느 학교를 졸업했느냐 하는 것이 얼마나 큰 영향을 미치는가의 문제이다. 많은 사람들이 이 목적 때문에 학교에 다니는 것이라 하더라도 이것은 사회학적 관점으로 볼 때 잘 드러나는 학교의 사회적 현상이지 교육적 현상은 아니다.

넷째, 학교 안에는 행정이나 법과 관련된 일이 매우 많다. 학교를 설립할 때, 교사를 임용할 때, 교과서와 교재를 선택할 때, 학생들을 평가할 때 지켜야 하는 법 등 학교에서 이루어지는 많은 일들은 법률과 관련된 사항이 많다. 아울러, 학교는 교육행정기관으로부터 내려오는 각종 공문을 처리해야 하고, 학교장으로서 학교를 운영하는 데 필요한 각종 활동을 전개해야 하고 교사들도 때로는 가르치는 일 이외에 행정 업무에 시달리기도 한다. 이러한 일들이 매우 중요하고 아무리 많다 하더라도 그것은 교육이 아니다. 이러한 현상은 행정학적인 또는 법학적인 관점으로 볼 때 잘 보이는 현상이다.

다섯째, 종교학적 관점에서 보면 학교는 종교 행위의 장이다. 물론 공교육제도의 근간인 학교에서 특정 종교의 교리를 의도적으로 가르치거나 종교 행위를 의무적으로 수행하도록 할 수 있느냐의 문제는 있다. 기독교 정신에 따라 건국된 미국의 경우에도 공립학교에서 기도와 성경 읽기가 위헌으로 금지된 것은 학교와 종교의 관계가 만만치 않음을 보여준다. 미국의 많은 가정들은 공립학교가 자기 가정이 신봉하고 있는 종교적 가치를 제대로 가르쳐주지 않는다는 이유로 홈스쿨링을 선택하고 있다. 사실 미국에서는 특정 종교를 기반으로 설립된 사립학교는 공립학교와 달리 특정 종교에 대한 교육을 허용하고 있다. 그러나 우리나라는 평준화정책으로 인하여 학교의 학생 선발권과 학생의 학교 선택권을 보장하지 않고 있다. 평준화정책 아래 사립학교가 특정 종교의 교리를 가르치거나 종교 행위를 의무적으로 따르도록 할 수 있느냐의 문제가 제기되는 것은 당연한 일이다.

그밖에 학교는 학생의 안전과 외적 아름다움 등을 골고루 만족시킬 수 있는 학교 건물 및 시설을 마련해야 한다는 점에서 건축과 관련된 일이 있다. 더 나아가, 학교에서는 교직원과 학생들의 기쁨과 슬픔 등 감정이나 정서와 관련된 사회심리학적인 현상도 종종 일어난다.

물론 학교 안에서 우리는 교육이라는 삶의 양상을 발견할 수 있다. 이것은 교육학적 관점으로 보아야 잘 보이는 인간의 활동이다. 교사와 학생 간에, 그리고 학생 간에 가르치고 배우는 과정이야말로 학교라는 사회적 기관이 설립된 취지의 핵심에 있다고 할 수 있다. 교육적 과정에 충실한 교사는 학생의 품위가 높아지기를 기대하며 교육의 소재가 되는 교과 내용을 가르치고, 이러한 과정 자체에서 보람과 흥취를 체험한다. 교육의 멋과 맛을 아는 학생은, 교사들과 학우들로부터 배울 때마다 자기의 품위가 올라가는 것 자체에서 희열을 맛본다. 더 나아가, 그러한 학생은 비록 그 행위가 내신성적에 이득이 될 게 없더라도 자기가 알고 있는 내용을 기뻐하며 동료에게 알려준다. 그러나 안타깝게도 학교 안에서 이러한 교육적 사건이 자주 일어나지는 않는다.

교육이란 무엇인가?

교육이란 무엇인가에 답하기란 그리 쉬운 일이 아니다. 동서고금을 막론하고 많은 연구자들이 노력했음에도 합의된 결론에 이르지 못했다는 사실은 이 물음이 결코 단순하지 않음을 보여준다. 교육을 학교와 동일시하는 것이 아니라 교육답게 보게 해주는 개념 망은 어떤 것일까? 심리적이거나 사회적 현상으로, 철학이나 윤리학의 대상으로 환원될 수 없는 교육의 고유한 구조는 어떤 것일까? 다소 길기는 하지만 교육에 관하여 새로운 관점을 제공하고 있는 장상호의 말을 직접 들어보자.

각종 수도계修道界[3]와 더불어 이 세상에는 교육계라고 하는 이종異種의 세계가 존재한다. …… 이 세계는 나름의 고유한 관심과 목표를 두며 비교육의 세계에서는 전혀 생각할 수 없는 새로운 양상을 보인다. 교육계는 수도계의 품차品差라고 하는 결과를 재생하기보다는 그 품위를 향상시키는 주체적 과정 자체의 재생에 목표를 둔다. 다시 말하면 교육은 각종 수도계의 현품(現品, 현

---

3) 장상호(1991, 2000, 2001)는 '인간이 자신의 잠재적 위대성을 실현시켜 좀더 높은 세계의 실재성과 접하는 것과 관련된 세계'를 수도계라고 부르고 있다. 수도계는 내재적 가치를 지니고 있어서 그 세계에 입문하여 직접 체험해야 그 맛을 알 수 있으며, 지속적인 성장에 따라 수도계적 체험의 깊이는 더해진다. 수도계는 인류의 끊임없는 자기 향상과 발전을 위한 노력의 결과 수평적으로 분화되어 왔고, 수직적으로 계속 쇄신되어 왔다. 그는 이러한 수도계의 예로 학문을 포함하여 각종 예술, 도덕, 기예, 유가, 불가, 도가, 바둑, 그리고 검도, 유도 등 각종 스포츠 등을 들고 있으며, 이는 모두 교육의 소재가 될 수 있다고 보았다. 그는 교육을 동일한 수도계를 두고 스승과 제자가 체험하고 있는 품위의 차이에서 시작되는 인간의 고유한 활동으로 보고 있다. 이러한 수도계는 인간이 생존해 나가는 것과 관련된 정치계, 경제계, 사회계 등 세속계와는 구별된다. 세속계적 가치는 수도계적 가치와는 달리 권력, 재화, 명예 등 수단적이고 외재적인 특성을 지닌다.

수준)을 소재로 활용하여 그 나름의 고유한 과정을 반복하면서 다른 수도계로 환원시킬 수 없는 고유한 내적 가치를 추구한다. 교육의 주체는 임의의 현품에서 위로는 상구계(上求界, 배움의 세계)를 추구하고 아래로는 하화계(下化界, 가르침의 세계)를 추구하는 삶의 양식을 향유한다. 교육의 주체는 자신이 위치한 현품에서 출발하여 미품未品을 실현시키는 초월의 삶을 반복한다. 한 품위의 관문을 통과하자마자 다시 다른 관문이 나타나고 그 과정을 반복하는 처절한 구도求道의 길이 거기에 전개된다. 현품이 현품을 부정하고 지양止揚할 수는 없다. 거기에는 배움이라고 하는 별도의 등가적 과정이 필요하며 이에 해당하는 세계를 우리는 상구계라고 부른다. 공유되지 않은 품위는 외롭다. 따라서 교육의 주체는 그것을 타아他我와 공유하려고 한다. 그는 마땅한 후진(後進, 후배 또는 제자)을 찾고 그들의 품위를 자신의 품위 쪽으로 동질화시키는 과정을 반복한다. 자아의 품위를 타아에 직접 전달하는 방법은 없다. 여기에는 가르침이라고 하는 매개적 과정이 필요하며 이에 해당하는 세계를 우리는 하화계라고 부른다. 상구계와 하화계는 서로 환원될 수 없는 고유한 속성을 가지고 있으며 그들은 상대를 전제하면서 하나의 공조 체제를 구성한다. 교육계는 이와 같은 상구계, 하화계, 그리고 그들을 소인素因으로 해서 이루어지는 전체 체제를 총칭한다. 교육계는 구체적인 사건, 사물, 인간, 활동 속에서 고유한 무늬, 결, 규칙, 특징을 나타낸다.

이렇듯, 장상호는 전통적인 관점으로는 보이지 않던 교육의 세계를 교육답게 보도록 해주는 새로운 개념 틀을 우리에게 제시한다. 장상호는 교육을 학교라는 생활 세계에 가두어 두지 않는다. 교육의 소재도 학교에서 다루고 있는 교과과정에 한정하지 않고 그것 자체로 추구할 만한 가치가 있는 인간의 모든 활동, 즉 학문, 예술, 스포츠, 취미활동을 포함하는 수도계 전체로 확장한다. 그러면서 배우는 사람의 체험 수준과 연계되지 않으면 아무리 그것이 학문적으로 문화적으로 사회적으로 가치 있는 것일지라도 그 사람에게는 '교육적으로' 전혀 의미가 없음을 강조한다. 그리고 소위 '공부 못하는 사람', 또는 수도계의 품위가 낮은 사람도 얼마든지 배움의 기쁨을 맛볼 수 있다고 주장한다. 한편, 가르치는 기쁨의 경우에도 박사과정 학생을 지도하는 교수와 초등학교 학생을 가르치는 교사 사이에 차이가 없다. 아니 가르치는 품위의 수준에서는 오히려 후자가 더 높을 수 있다고 한다. 그는 교육계의 품위는 수도계의 품위와 독립적이라는 것을 보여줌으로써 교육계와 수도계는 그 구조와 특징이 다른 별개의 세계 또는 현상임을 강조하고 있다.

우리는 이러한 교육이 학교에서만 일어나는 것이 아니라는 사실에 주목할 필요가 있다. '교육=학교'라는 전통적인 관점에서 보면, 학교가 교육을 독점하고 있어서 학교 밖에서 아무리 아름다운 교육적 사건이 발생해도 그것은 교육으로 인정받지 못한다. 그러나 교육은 이미 삶의 모든 현장에서 왕성하게 일어나고 있는 보편적인 현상이다. 이미 오래전부터 교육은 학교 밖에서도 있어 왔다. 단지 그러한 교육을 볼 수 있는 관점이 없어서 보이지 않았을 뿐이다. '만유인력의 법칙'이라는 관점을 가지지 못했을 때 사과가 떨어지는 현상을 물리학적 관점으로 보지 못했던 것과 같은 이치이다.

새로운 눈으로 교육을 바라보면 가정에서, 교회에서, 아이들 놀이터에서, 박물관과 미술관에서, 음악당에서도 왕성하게 일어나고 있다. 어쩌면 현대사회에서 젊은이들에게 가장 큰 교육적 영향력을 행사하는 교육기관은 매스컴과 인터넷일지도 모른다. 군대에서도 얼마든지 교육은 일어날 수 있으며, 요즘은 각 회사에서도 사원 교육에 대한 관심이 지대하다. 그리고 사람들은 학교에서 배우지 못한, 또는 못하는 것에 대한 교육적 욕구를 각종 학원에서 충족시키고 있다.

교육이라는 세계를 새로운 개념 망으로 포착하려는 장상호(1986, 1991, 1997, 2000, 2005, 2009)는 지금까지의 교육학이 제도교육을 전담하고 있는 학교를 염두에 두고 철학, 심리학, 사회학, 행정학, 정치학 등 다른 학문, 소위 모학문의 도움을 받아 학교에서 일어나는 제반 현상을 연구했다고 말한다. 그 결과 학교에서 이루어지는 모든 일을 교육으로 오해하도록 하는 '학교=교육' 신화를 강화시켜 왔다고 비판하면서, 교육과 학교를 개념적으로 분리해야만 교육이 제 모습을 드러낸다고 주장한다.

교육, 학교, 홈스쿨링의 관계

위에서 우리는 교육과 학교가 같지 않다는 것을 살펴보았다. 학교는 교육 이외에도 정치, 경제, 사회, 종교, 행정 등 다양한 인간의 활동이 일어나는 생활공간이며, 교육은 학교 이외에도 가정, 직장, 군대, 놀이터, 도서관, 박물관, 인터넷, 매스컴 등 다양한 삶의 공간에서 일어나는 인간의 고유한 삶의 양상이다. 홈스쿨링은 학교에 가야 하는 아동이 가정에서 학교의 일을 하고 있는 제도이다. 홈스쿨링은 교육으로 가득 차 있지 않고, 그렇다고 학교와 똑같은 것도 아니다. 홈스쿨링 안에는 교육의 요소(A)도 들어 있고, 학교의 요소(B)도 들어 있다. [그림 2-1]은 교육, 학교, 그리고 홈스쿨링의 관계를 보여준다.

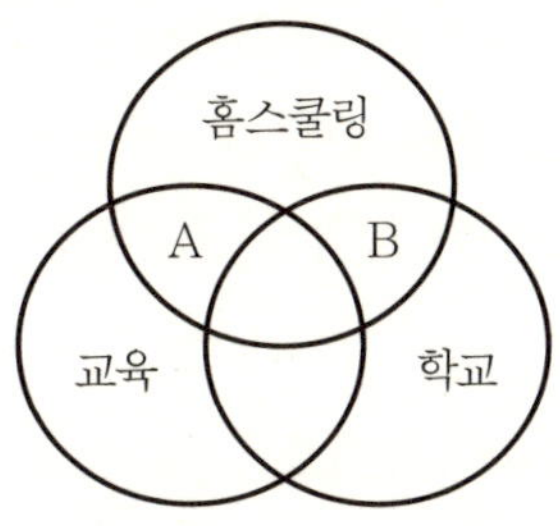

[그림 2-1] 교육, 학교, 그리고 홈스쿨링의 관계

학부모와 자녀가 교육의 원리에 맞게 상호작용을 하면서 교육적 기쁨을 체험한다면 교육적으로 훌륭한 홈스쿨링이 될 수 있으나, 어떤 교육관을 가지고 어떻게 활동하느냐에 따라 학교보다 더 비교육적일 수도 있다. 따라서 홈스쿨링 자체는 자녀의 교육에 관한 한 학교보다 무조건 유리한 위치에 있다고 말할 수 없다. 홈스쿨링을 선택한 배경과 이유가 무엇이냐에 따라 평가가 달라질 수 있다. 예컨대 학교에서 교사의 비합리적인 폭력 행사 때문에 학교를 나온 경우, 홈스쿨링을 통해 자녀가 강제적인 폭력적 권위로부터 자유를 체험하게 된다면 성공적이라고 할 수 있다. 그러나 이때의 성공은 학교가 지닌 부정적인 정치적 측면으로부터 해방이라는 점에서의 성공이지 그것이 곧 교육적 성공을 의미하지는 않는다. 종교적인 이유로 홈스쿨링을 선택하는 경우도 마찬가지이다. 홈스쿨링으로 가정의 종교적 가치에 따라 자유롭게 자녀를 양육하게 된 것은 분명 성공이다. 그러나 이 성공도 종교적 측면에서의 성공이지 곧 자녀의 교육적 성공을 뜻하지는 않는다. 홈스쿨링의 장이 되는 가정도, 마치 학교가 그렇듯이, 교육만 일어나는 것이 아니라 정치, 경제, 사회, 종교 등 다양한 삶의 양상이 충돌하는 공간임을 기억할 필요가 있다.

홈스쿨링을 통하여 가르치는 사람은 가르치는 일에 열정을 쏟으며 가르치는 활동 자체에서 기쁨을 체험하고, 배우는 사람은 배움의 소재가 되는 세계에 대한 이해와 체험의 수준이 높아져 가는 것 자체에서 기쁨과 희열을 체험한다면, 우리는 교육적으로 성공했다고 할 수 있다. 다시 말하면, 학교가 자녀의 교육적 체험에 전혀 도움이 되지 않는 경우 이에 대한 대안으로 홈스쿨링을 선택하고, 홈스쿨링 참여자 모두 자발적으로 교육 활동에 참여하면서 만족감을 누릴 때 비로소 우리는 교육적인 측면에서 성공적인 홈스쿨링이라고 할 수 있다.

다음과 같은 이유로 교육적 측면에서 홈스쿨링이 학교보다 대체로 유리한 위치에 있다고 할 수 있다(Meighan, 1997; Rivero, 2008). 첫째, 홈스쿨링은 아이들이 자신의 학습 속도에 맞추어 공부할 수 있게 해준다. 학교에서는 교사들이 비교적 많은 학생들을 동시에 획일적으로 다루어야 하기 때문에 학생들 하나하나의 관심과 특성을 고려하여 교육을 진행하기가 매우 어렵다. 그러나 홈스쿨링에서는 아이의 관심과 능력을 최대한 고려하여 과목, 교재, 진도를 정할 수 있다. 홈스쿨링은 소위 개별화 수업을 가장 효율적으로 운영할 수 있는 여건을 지니고 있다. 둘째, 홈스쿨링에 참여하는 아이들은 비적개적non-hostile 학습 분위기 속에서 지적 호기심과 질문을 마음껏 표현할 수 있다. 획일적으로 수업을 전개해야 하는 학교의 집단적 상황은 때때로 경쟁이 심하여 공부 자체가 주는 내재적 기쁨을 소홀히 하기가 쉽고, 하고 싶은 질문을 마음껏 하기가 쉽지 않다. 셋째, 홈스쿨링에서는 학습자가 자기주도적으로 공부를 끌고 갈 수 있다. 학교에서는 대체로 교사가 수업을 진행해 나가고 학생은 수동적으로 따라가기 때문에 자기가 공부의 주인이라는 느낌을 갖기가 쉽지 않다. 끝으로, 홈스쿨링은 아이의 특별한 필요를 효율적으로 고려할 수 있다. 사실 아이들에게는 각자 고유한 필요가 있다. 어떤 아이의 필요는 충족시켜 주기가 비교적 쉽지만, 어떤 아이의 필요는 충족시키는 데 인내와 시간이 요구되기도 한다. 실제로 일부 가정은 아이의 특별한 필요(예: 자폐, 주의력결핍증, 영재성 등) 때문에 홈스쿨링을 택하기도 한다.

3 의무교육과 의무취학, 그리고 홈스쿨링

앞에서 살펴보았듯이, 교육과 학교의 개념을 구분하면 당연히 의무교육과 의무취학의 개념도 구분해야 한다. 그러나 우리나라의 교육 관련 법은 의무교육과 의무취학을 구분하지 않고 사용하고 있다(김재웅, 2000). 우선 헌법은 대한민국 국민으로서 누릴 수 있는 권리와 함께 반드시 행하여야 할 의무를 규정하고 있다. 그 가운데 교육(제31조)은 근로(제32조), 납세(제38조), 국방(제39조)의 의무와 함께 소위 국민의 4대 의무 가운데 하나로 규정되어 있다. 교육기본법과 그 이하의 초·중등교육법에서는 헌법의 의무교육 정신을 구현하기 위해 9년간의 의무취학을 규정해 놓고 있다. 관련 법률 조항을 살펴보면 다음과 같다.

헌법 제31조 ② 모든 국민은 그 보호하는 자녀에게 적어도 초등교육과 법률이 정하는 교육을 받게 할 의무를 진다.
③ 의무교육은 무상으로 한다.

교육기본법 제8조 ① 의무교육은 6년의 초등교육 및 3년의 중등교육으로 한다. 다만, 3년의 중등교육에 관한 의무교육은 국가의 재정 여건을 고려하여 대통령령이 정하는 바에 의하여 순차적으로 실시한다.
② 모든 국민은 제1항의 규정에 의한 의무교육을 받을 권리를 가진다.

초·중등교육법 제13조 ① 모든 국민은 그가 보호하는 자녀 또는 아동이 만 6세가 된 다음 날 이후의 최초 학년 초부터 만 12세가 되는 날이 속하는 학년 말까지 그 자녀 또는 아동을 초등학교에 취학시켜야 한다.
③ 모든 국민은 그가 보호하는 자녀 또는 아동이 초등학교를 졸업한 학년의 다음 학년 초부터 만 15세가 되는 날이 속하는 학년 말까지 그 자녀 또는 아동을 중학교에 취학시켜야 한다.

초·중등교육법 제22조 ① 교육기본법 제8조의 규정에 의한 3년의 중등교육에 대한 의무교육은 다음 각호의 1에 해당하는 자에 대하여 우선적으로 실시한다.
1. 행정구역상 읍·면 지역에 소재하는 초등학교를 학구로 하는 지역에 거주하는 중학교 학령 대상자
2. 행정구역상 읍·면 지역이 아닌 지역 중 별표 1에 의한 도서벽지 지역에 소재하는 초등학교를 학구로 하는 지역에 거주하는 중학교 학령 대상자
3. 특수교육진흥법 제10조의 규정에 의한 특수교육 대상자 중 중학교 과정 교육 대상자

위에서 알 수 있듯이, 우리나라의 교육 관련 법률은 의무교육을 의무

취학으로 해석하고 있다. 국가는 일정 연령의 아동이 교육받을 수 있도록 학교를 설치·운영할 의무가 있고, 부모는 자녀를 의무적으로 학교에 보낼 의무가 있다는 것이다. 이것은 교육과 학교의 개념을 구분하지 않고 사용하기 때문에 생긴 결과라고 할 수 있으며, 적어도 학교를 통해 사회 평등, 사회 통합, 기초 능력 함양을 통한 경제 능력 제공 등의 사회적 목표를 달성할 수 있다고 보기 때문이다. 그러나 학교가 '능력에 따른 균등한 교육'(헌법 제31조 1항)에 실패하고 있다고 보고 학교를 의도적으로 거부하는 사람들에게 의무취학은 걸림돌이 될 뿐이다. '인간다운 생활을 할 권리'(헌법 제34조)를 위해 학령기 아동을 학교에 보내지 않아야 한다고 보는 입장은 의무취학법과 갈등할 소지가 있다. 아직까지 관련 판례가 나오지는 않았지만, 미국의 사례에 비추어 보면, '종교의 자유'를 보장하고 있는 우리나라에서도(헌법 제20조) 종교적 신념에 따라 자녀를 양육하고자 하는 부모에게 의무취학법은 장애가 될 수 있다. 더 나아가, 헌법 제37조에서 '국민의 모든 자유와 권리는 국가 안전보장·질서유지 또는 공공복리를 위하여 필요한 경우에 한하여 법률로써 제한'할 수 있다고 규정하고 있으나, 과연 학령기 아동을 학교에 보내지 않을 자유가 국가 안전보장·질서유지 또는 공공복리에 문제가 되기 때문에 제한되어야 할 자유인지 답하기란 결코 쉬운 문제가 아니다(김재웅, 2009a).

다음에 소개하는 영국의 사례는 의무교육과 의무취학의 구분과 관련하여 매우 중요한 시사점을 제공한다. 영국의 학부모들은 1944년 교육법 제36조에서 취학이 아니라 교육이 의무임을 명시하고 있음에도 불구하고 오랫동안 취학이 의무인 것으로 믿고 있었다. 제36조의 조항은 다음과 같다.

의무취학 연령의 아동을 둔 학부모는, 그를 학교에 정기적으로 출석시키든지 <u>아니면 다른 방식으로</u> 그의 나이, 적성 및 능력에 알맞은 효율적인 전일제 교육을 받도록 해야 할 의무가 있다.(강조는 필자)

영국의 학부모들도 학교에 다니는 것이 곧 교육이라는 신화를 오랫동안 신봉해 왔다고 할 수 있다. '아니면 다른 방식으로or otherwise'라는 교육법의 조항을 발견한 것은 1976년의 일이다. 의무교육과 의무취학이 다르다는 것을 알고 자발적으로 모인 약 열 가정이 자녀들을 학교에 보내지 않고 가정에서 가르치기 시작했다. 이때 여전히 의무교육을 의무취학으로 해석하고 있었던 교육청과의 갈등이 있었으나, 결국은 학부모들의 뜻대로 자녀들을 학교에 보내지 않고 가정에서 가르치는 것이 공식적으로 인정되기에 이른다. 영국의 교육법은 '교육은 의무이지만 학교는 의무가 아니다'라는 것을 분명히 하게 된 것이다. 같은 맥락에서 미국과 영국 이외에도 유럽의 대부분 국가들이(독일과 스위스 독일어권 제외) 홈스쿨링을 합법적인 교육 형태로 인정하고 있다.

영국의 학부모들은 1977년 교육법의 조항에서 가져온 이름인 '다른 교육Education Otherwise'이라는 단체를 조직하여 체계적으로 홈스쿨링을 전개하고 있다. 지금은 약 3만 가정 이상이 이 운동에 동참하는 것으로 알려져 있다. 이 학부모 단체는 다음 네 가지 목적을 천명하고 있다(Education Otherwise, n.d.).

첫째, 학교체제 밖의 학습을 격려한다.
둘째, 부모가 자기 아이들의 교육에 일차적인 책임을 지니고 있으며, 이들을 학교 밖에서 교육시킴으로써 그 책임을 실행할 권리를 가진다는 것을 재확인한다.

셋째, 아이들이 자신의 바람이나 느낌을 완전하게 고려하는 교육을 받을 수 있는 기본적 권리를 가지고 있다는 사실을 확고하게 한다.

넷째, 학교 밖의 다른 교육에 관한 지식, 이해, 수용을 증진한다.

이렇듯, 최근 들어 의무교육과 의무취학을 다르게 보는 국가가 증가하고 있으며, 이에 따라 많은 학부모들이 학령기 아동을 학교에 보내지 않고 홈스쿨링하고 있다. 의무교육이 의무취학으로 규정되어 학령기 아동을 학교에 보내지 않으면 백만 원 이하의 과태료를 물 수 있도록 되어 있는 우리나라에서도(초·중등교육법 제68조 제1항) 최근 들어 홈스쿨링이 증가 추세에 있다. 이것은 교육은 학교에서만 하는 것이 아니라는 인식이 확산되고 있다는 증거이다.

대부분의 국가는 아동교육에 대한 국가와 부모의 주도권을 함께 고려하면서 의무교육을 실현하는 합법적인 교육 형태로 홈스쿨링을 인정하고 있다. 논리적으로 볼 때 의무취학은 의무교육을 구현하는 한 방법일 뿐이다. 이러한 점에서 9년간의 의무취학을 규정하는 현행 교육기본법과 초·중등교육법은 의무교육을 규정하는 헌법의 정신을 올바로 담고 있다고 볼 수 없다.

3 장

홈스쿨링 현황 _ 미국을 중심으로

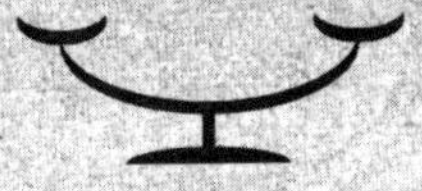

3장에서는 홈스쿨링에 얼마나 많은 가정이 참여하고 있는지, 홈스쿨링 가정은 어떤 특성을 지니고 있는지, 부모들이 홈스쿨링을 선택하는 이유는 무엇인지, 교과과정과 교재는 주로 어떤 것을 활용하고 있으며 교수-학습 방법은 어떠한지 살펴본다. 더 나아가 홈스쿨링의 결과 학업 성취 측면과 사회성 발달 측면에서 문제는 없는지 논의한다.

1 홈스쿨링 참여 학생 및 가정의 특성

홈스쿨링에 참여하고 있는 학생 수를 정확하게 파악하는 일은 매우 어렵다. 아직 홈스쿨링이 합법화되지 않은 우리나라의 경우, 그 수를 파악하는 일은 거의 불가능에 가깝다. 따라서 연구자나 기관이 추측할 뿐인데 그 수치가 수백 명에서 수천 명까지 차이가 너무 많이 나고 있어 수치 자체가 주는 의미가 별로 없다. 이는 교육청에 신고하지 않고 홈스쿨링을 하는 가정이 많고, 조사하는 기관이나 연구자마다 홈스쿨링 개념이 다르기 때문이기도 하다. 조사 방법에 따라 차이가 나기도 한다. 홈스쿨링 학생 수를 전체적으로 파악하는 일이 매우 곤란하기 때문에 대체로 표본조사를 통해 추정하고 있다. 그러나 어떤 방법을 사용하든지 홈스쿨링에 참여하고 있는 학생의 수가 매년 증가하고 있는 것만은 사실이다.

아래에서는 미국 교육부 산하 교육통계센터가 표본조사를 거쳐 발표한 자료(Planty 등, 2009)를 중심으로 홈스쿨링의 현황을 소개하고자 한다. 이 자료에 의하면 미국은 2007년도에 약 150만 명이 홈스쿨링에 참여하고 있으며,[1] 이것은 1999년도의 85만 명, 2003년도의 110만 명에서

---

1) 이 숫자는 교육통계청이 2007년에 실시한 전국가구교육조사연구(National Household Education Surveys Program, NHES) 결과 나온 것이다. 이 연구는 만 5세부터 17세 사이의 자녀를 둔 학부모 가운데에서 표집된 1만 681명의 학부모를 대상으로 교육에 관한 다양한 측면을 조사했는데, 그 가운데 2.9%에 해당하는 311명이 홈스쿨링을 하고 있는 것으로 나타났다. 150만 명의 홈스쿨링 학생은 이 비율을 전체 학령기 아동 약 5,200만 명에 적용하여 95%의 신뢰구간 가운데 중앙치로 추정한 수치이다.

꾸준하게 증가한 것이다. 만 5세부터 17세까지의 학령기 아동들 중에서 홈스쿨링 학생들이 차지하는 비율을 보면, 1999년도에 1.7%에서, 2003년도에 2.2%로, 2007년도에는 2.9%로 증가했다. 2007년의 홈스쿨링 학생 150만 명 가운데 온전히 홈스쿨링만 하고 있는 학생은 126만 6천 명(84%)이고, 17만 3천 명(11.5%)은 홈스쿨링을 하면서 주당 9시간 이내의 시간제 등록으로, 그리고 6만 9천 명(4.6%)은 주당 9~25시간의 시간제 등록으로 학교에도 다니고 있었다.

미국 교육통계센터는 홈스쿨링에 참여하는 학생을, 공립이나 사립학교에 정식으로 등록하지 않은 채 가정에서 교육을 받는 학생으로서 공립 또는 사립학교에 등록되어 있는 시간이 주당 25시간을 초과하지 않는 학생으로 정의하고 있다. 그리고 순전히 건강상의 이유로 일시적으로 가정에서 교육받고 있는 학생들은 제외하고 있다.

홈스쿨링에 참여하는 학생들을 몇 가지 특성에 따라 살펴보면 흥미 있는 차이가 발견된다(〈표 3-1〉 참조).

먼저, 인종별로 보면 홈스쿨링에 참여하는 학생들은 백인이 대부분이다(76.8%). 비율 면에서도 백인 학생이 흑인이나 다른 소수민족 학생보다 홈스쿨링에 참여하는 비율이 높다. 구체적으로, 2007년도에 백인 학생의 홈스쿨링 비율은 3.9%인 반면에 흑인 학생은 0.8%, 히스패닉 학생은 1.5%였다.

성별로는 여학생의 3.5%가, 남학생은 2.4%가 홈스쿨링에 참여하고 있다. 한 가정에 세 명 이상의 자녀를 둔 가정이 홈스쿨링에 참여하는 비율(4.1%)은 자녀가 한 명(2.2%)이나 두 명(2.0%)인 가정보다 높게 나타났다. 전체 홈스쿨링 학생의 대부분은(89.9%) 부모가 모두 있었다. 비율 면에

〈표 3-1〉 미국 홈스쿨링 학생 및 가정의 특성

구분	2003			2007		
	학생 수	백분율	홈스쿨링 비율	학생 수	백분율	홈스쿨링 비율
전체	1,096,000	100.0	2.2	1,508,000	100.0	2.9
인종						
백인	843,000	77.0	2.7	1,159,000	76.8	3.9
흑인	103,000	9.4	1.3	61,000	4.0	0.8
히스패닉	59,000	5.3	0.7	147,000	9.8	1.5
기타	91,000	8.3	3.0	141,000	9.3	3.4
성별						
남자	569,000	51.9	2.2	633,000	41.9	2.4
여자	527,000	48.1	2.1	875,000	58.1	3.5
자녀 수						
1명	110,000	10.1	1.4	187,000	12.4	2.2
2명	306,000	28.0	1.5	412,000	27.3	2.0
3명 이상	679,000	62.0	3.1	909,000	60.3	4.1
부모 구성						
양부모	886,000	80.8	2.5	1,348,000	89.4	3.6
편부모	196,000	17.9	1.5	115,000	7.6	1.0
부모 외 보호자	14,000	1.3	0.9	45,000	3.0	2.1
부모 직업 참여						
양부모, 1명 취업	594,000	54.2	5.6	808,000	53.6	7.5
양부모, 모두 취업	274,000	25.0	1.1	509,000	33.8	2.0
편부모, 취업	174,000	15.9	1.4	127,000	8.4	1.3
무직	54,000	4.9	1.8	64,000	4.3	1.5
연간 가계 소득($)						
25,000 미만	283,000	25.8	2.3	239,000	15.9	2.1
25,000~50,000	311,000	28.4	2.4	364,000	24.1	3.4
50,000~75,000	264,000	24.1	2.4	405,000	26.8	3.9
75,000 이상	238,000	21.7	1.7	501,000	33.2	2.7
부모 학력						
고졸 또는 그 이하	269,000	24.5	1.7	206,000	13.7	1.4
전문대학 졸업	338,000	30.8	2.1	549,000	36.4	3.8
4년제 대학 졸업	274,000	25.0	2.8	444,000	29.4	3.9
대학원 석사 이상	215,000	19.6	2.5	309,000	20.5	2.9

주 : 홈스쿨링 비율은 하위 집단별 전체 학령기 아동 가운데 홈스쿨링하고 있는 학생의 비율을 가리킴.

출처 : Planty, M, Hussar, W., Snyder, T., Kena, G., KewalRamani, A., Kemp, J., Bianco, K., & Dinkes, R. (2009). *The condition of education 2009* (NCES 2009-081). National Center for Education Statistics, Institute of Education Science, U.S. Department of Education. Washington, D.C. p. 134.

서도 부모가 모두 있는 학생들이(3.6%) 부모 가운데 한 명만 있거나(1.0%) 부모 없이 다른 보호자만 있는 학생들(2.1%)에 비해 홈스쿨링에 참여하는 비율이 높았다.

2007년도에 부모가 모두 있으면서 그중 한 명만 직업에 종사하는 경우가 전체 홈스쿨링 가정의 53.5%를 차지하고 있었으며, 이들이 홈스쿨링에 참여하는 비율도 7.5%로 상당히 높은 편이었다. 그러나 부모 모두 직업을 가지고 있는 경우에는 2.0%, 편모 또는 편부가 직업을 가지고 있는 경우에는 1.3%, 부모 모두 직업을 가지고 있지 않는 경우에는 홈스쿨링에 참여하는 비율이 1.5%에 불과했다.

가정의 연간 소득을 기준으로 보면, 2만 5천 달러 미만인 가정의 경우 홈스쿨링에 참여하는 비율이 2.1%, 2만 5천~5만 달러 미만의 경우 3.4%, 5만~7만 5천 달러 미만의 경우 3.9%, 7만 5천 달러 이상의 경우 2.7%였다. 부모의 학력을 기준으로 홈스쿨링에 참여하고 있는 가정의 비율을 보면, 고졸 이하가 1.4%, 전문대학 졸업이 3.8%, 4년제 대학 졸업이 3.9%, 대학원 이상이 2.9%였다.

2007년 자료를 2003년과 비교해 볼 때, 홈스쿨링에 참여하는 학생 및 가정의 특성상 큰 차이는 없다. 몇 가지 별견되는 차이는 다음과 같다. 2003년에 비하여 2007년에 백인과 히스패닉의 홈스쿨링 비율은 2.7% 와 0.7%에서 3.9%와 1.5%로 각각 증가한 반면, 흑인 가정의 홈스쿨링 비율은 1.3%에서 0.8%로 감소했다. 같은 기간에 세 명 이상의 자녀를 둔 가정의 참여 비율은 3.1%에서 4.1%로 증가했으며, 부모 가운데 한 명만 직업에 종사하는 가정의 참여 비율은 5.6%에서 7.5%로 증가했다. 연간 가정 소득이 2만 5천 달러 미만인 가정의 홈스쿨링 참여 비율은 2.3%에서 2.1%로 감소했으나, 5만~7만 5천 달러인 가정은 2.4%에서 3.9%로 증가했다. 부모가 고졸 학력인 가정의 홈스쿨링 참여 비율은 1.7%에서 1.4%로 감소한 반면에 전문대 졸업과 대학 졸업은 각각 2.1%에서 3.8%, 2.8%에서 3.9%로 증가했다. 평균적으로 말하여 미국의 홈스쿨링은 부모가 고학력이면서, 그 가운데 한 명만 직업에 종사하고 있으며, 자녀가 세 명 이상인, 중산층 백인 가정에서 가장 많이 선택한다고 할 수 있다.

2 학부모가 홈스쿨링을 선택하는 이유

미국의 홈스쿨링은 전통적으로 학교교육이 너무 세속적으로 이루어져 자기 아이들이 종교적으로 올바르게 자라지 못한다고 생각하는 학부모들이 주로 활용하는 제도였으나(Klicka, 1995), 최근 들어 그 이유가 매우 다양해지고 있다. 메이베리 등(Mayberry et al., 1995)은 학부모가 가정학교를 운영하고 있는 이유를 네 가지로 정리하고 있다. 1) 아이들 교육은 '하나님이 주신 권리'라고 믿는 기독교 가정의 종교적인 선택. 2) 뉴에이지New Age 또는 반문화 운동의 일환으로 선택하는 대안적인 삶의 형태. 3) 학교의 안전, 학문과 도덕의 훈련, 사회화 등에 대한 불만의 적극적인 해결 방식. 4) 학교의 획일적인 교육 프로그램 및 교수 방법에 대한 불만 등.

페트리(Petrie, 1995)도 영국과 미국에서 홈스쿨링을 운영하는 이유 사이에 공통점을 다음과 같이 요약한다. 1) 기존 학교교육에 대한 학부모의 불만(특히 학교를 혐오하게 하고 부정적인 친구 관계를 가져오는 훈육과 못살게 굴기). 2) 다양한 교육 방법으로 학교보다 학부모가 더 나은 교육을 실시할 수 있다는 확신. 3) 학부모의 강한 종교적 확신. 4) 학교가 아동을 개인으로서 존중하지 않음. 5) 학부모의 강한 이데올로기적(종교를 제외한) 가치관. 6) 가정의 지리적 이동 등.

최근 교육통계센터의 조사 연구에 의하면, 홈스쿨링 부모들은 종교적 또는 도덕적 이유(36%)를 가장 중시하고 있으며, 학교의 안전, 마약, 부정적인 심리적 압력 등 학교 환경(21%), 학교의 교과 수업에 대한 불만(17%), 가족 시간 활용, 재정, 여행, 학교와의 거리 등 기타 이유(14%)가 그 뒤를 잇고 있다. 그밖에도 미국의 학부모들은 자녀교육에 대한 비전통적 접근(7%), 자녀의 특별한 필요(4%), 자녀의 신체적 또는 정신적 문제(2%) 등의 이유로 홈스쿨링을 선택하고 있다(Planty 등, 2009).

이렇듯, 홈스쿨링의 이유는 크게 보면 '종교적 이유'와 소위 '교육적 이유'로 구분된다. 이를 고려하여, 반 갈렌(Van Galen, 1991)은 홈스쿨링을 지지하는 사람들을 이데올로기주의자ideologues와 교육주의자peda-gogues로 구분했다. 전자는 자기 자녀들이 근본주의적 종교 가치와 보수주의적 정치사회 가치를 학습하기를 원하는 사람들인 반면에, 후자는 학교교육의 관료화에 염증을 느낀 사람들로서 학습에 대한 넓은 개념을 가지고 아이들을 집에서 직접 가르치기를 원하는 사람들이다. 라이만(Lyman, 1998)은 홈스쿨링 운동의 두 가지 흐름을 무어의 영향을 받은 기독교적 우파 계열과 홀트의 영향을 받은 반문화적 좌파 계열로 구분했다.

그러나 이데올로기주의자와 교육주의자 모두 나름대로의 이데올로기와 교육에 대한 신념을 각각 지니고 있다는 점에서 반 갈렌의 구분을 비판하면서, 게이터(Gaither, 2008a)는 홈스쿨링 집단을 교회의 종단에 비유하여 '폐쇄 종단closed communion'과 '개방 종단open communion'으로 구분했다. 폐쇄 종단은 특정 교리를 신봉하는 신자만이 예배의 성례전에 참여할 수 있는 반면에, 개방 종단은 종파의 구분 없이 최소한의 신앙만 있으면 성례전에 참여할 수 있는 종단을 가리킨다. 기독교적 우파 계열이 폐쇄 종단에, 반문화적 좌파 계열이 개방 종단에 해당한다고 할 수 있다. 이들 두 집단은 서로 협력하기도 하고 때로 갈등하기도 하면서 미국 홈스쿨링 운동이 활성화되는 과정에서 크게 기여해 왔다(Gaither, 2008a; Stevens, 2001).[2] 홈스쿨링을 선택한 배경과 이유는 다르나, 이들 두 집단의 공통점은 정부나 학교의 도움 없이 자기 자녀들을 집에서 직접 가르칠 수 있다는 확신에 가득 차 있다는 사실이다.

3 교육 방법

여기에서는 미국의 홈스쿨링 가정이 사용하는 교과과정과 교재에는 어떤 것들이 있고, 이들이 주로 활용하는 교수-학습 방법에는 어떤 것이 있는지 살펴본다.

---

2) 홈스쿨링 운동에 나타나는 보수적인 기독교 우파 집단과 반문화적 좌파 집단의 특징, 그리고 협력과 갈등에 대해서는 5장, 6장, 8장에서 조금 더 자세하게 다룬다.

교과과정 및 교재

홈스쿨링을 선택한 가정은 자녀의 흥미와 수준을 최대한 고려하여 교과과정을 구성, 운영하고 교재를 자유롭게 선택할 수 있다는 장점을 누린다. 대부분의 학부모들은 아동의 흥미, 가정의 가치관, 주 정부의 규정 등에 맞추어 스스로 교과과정을 구성하고 교재를 선택하거나 제작하여 사용하고 있다.

홈스쿨링의 경험이 없는 초보자인 경우에는 홈스쿨링을 하는 사람들을 위해 밥 존스Bob Jones, 아 베카A Beka, 알파 오메가Alpha Omega, 코노스 커리큘럼Konos Curriculum 등 사설 출판사가 제작한 교과과정과 교재를 구입하여 사용하기도 한다. 아니면, 메릴랜드의 캘버트 학교 Calvert School, 일리노이의 기독교 자유 아카데미Christian Liberty Academy Satellite School, 미시간의 콘라라 학교Clonlara School 등 사설 통신 과정에 등록해 학습하기도 한다. 최근에는 공립학교이면서 주로 인터넷을 통하여 공부하는 사이버 차터스쿨에 등록하여 홈스쿨링의 장점을 살리고자 하는 가정이 늘고 있다. 이렇듯 외부 출판사나 사설 통신 과정의 교과과정은 많은 홈스쿨링 가정에 편리함을 제공하고 있는 것이 사실이나, 표준화된 외부의 교과과정을 따르는 경우 홈스쿨링 본연의 자율성은 일부 희생될 수밖에 없다는 점을 기억할 필요가 있다.

2003년도에 미국 교육부 산하 교육통계센터가 조사한 자료에 의하면, 자녀의 교육을 위하여 홈스쿨링 가정이 사용하고 있는 교과과정과 교재의 원천이 매우 다양함을 알 수 있다(Princiotta & Bielick, 2006). 복수 응답한 결과, 가장 많이 활용하는 것은 공공도서관(77.8%)이었고, 이어서 전문 출판사 안내 책자 또는 개인 전문가(76.9%), 일반 서점(68.7%), 홈스쿨링과 관련 없는 일반 출판사(59.2%), 홈스쿨링 조직(49.2%) 등을 활용하고 있었다. 그밖에도 교회, 회당 등 종교 조직에서 발간한 교과과정 및 교재(36.5%), 기타 자원(26.0%), 지역 공립학교 또는 교육청(22.6%), 사립학교(16.8%) 등을 자녀교육을 위해 활용하고 있었다.

교수-학습 방법

홈스쿨링은 교수-학습 활동을 설계하는 데도, 일반학교에 비해서는 융통성의 폭이 매우 크다. 그리고 무엇보다도 일대일 교수-학습을 기본으로 하기 때문에 한 교사가 여러 명을 동시에 가르치는 학교에 비해 아동의 교육적 필요를 채워 주는 데 유리하다. 방학이 따로 없기 때문에 일 년 전체를 학사 운영에 고려할 수 있으며, 하루 시간표도 교육내용에 따라 융통성 있게 작성하는 것도 홈스쿨링이 누리는 장점 중 하나이다.

최근에는 컴퓨터, 인터넷 등 첨단 매체를 교수-학습에 활용하는 빈도가 늘어나고 있다. 2003년도에 미국 교육부 산하 교육통계센터가 조사한 자료에 의하면, 원격학습을 활용하는 홈스쿨링 가정이 41.2%였다. 원격학습 방법에 대하여 구체적으로 복수 응답한 결과를 보면 텔레비전, 비디오, 라디오 등이 20.1%, 인터넷, 전자우편, 웹 등이 19.4%, 우편 활용이 15.2%였다(Princiotta & Bielick, 2006). 여기에서 원격학습이란 학습자가 교수자와는 다른 장소에서 정보통신 기술과 매체를 활용하여 교육 프로그램을 이수하는 것을 뜻한다.

홈스쿨링 가정이 많이 활용하는 방법에는 현장 방문field trips이 있는데, 이 경우에는 지역의 다른 홈스쿨링 학생들과 함께 참여하기도 한다. 지역에 따라 홈스쿨링 학생들이 일반학교의 스포츠 및 특별활동 프로그램에 참여하는 경우도 있다.[3] 한편, 모든 교과과정을 두 가정 이상이 협력하여 운영하는 경우도 있다. 이것은 홈스쿨링 협동체co-ops라고 부르는 일종의 교육 품앗이로, 이 경우 학부모는 각자 자기의 전공 또는 관심 영역을 책임져 가르치기도 하고 연령별 소집단을 형성하여 분담하기도 한다.

홈스쿨러의 교육은 전업 가정주부가 맡는 경우가 가장 많다. 그러나 어머니가 자녀교육을 전담하는 것은 아니고, 아버지가 일부 과목 또는 활동을 돕기도 하고 자녀들끼리 서로 가르치고 배우기도 한다. 아무리 홈스쿨링이라고 해도 가정의 부모가 모든 교과의 내용을 아이에게 효과적으로 가르칠 수 있는 능력을 갖추고 있다고 보기는 어렵다. 실제로 일부 가정에서는 음악, 외국어 등 특별한 교과에 가정교사를 활용하기도 한다.

홈스쿨링 교수-학습에 대하여 제기할 수 있는 한 가지 문제점은, 과연 부모가 교과의 내용을 아이에게 효과적으로 가르칠 수 있는 능력을 갖추고 있느냐 하는 것이다. 홈스쿨링을 실시하는 가정의 학부모 학력 수준이 미국의 성인 평균 학력보다 높은 것은 사실이나, 이 학력이 곧 구체적인 교과의 교육을 효과적으로 실시할 수 있다는 증거가 될 수는 없기 때문이다. 앞의 〈표 3-1〉에 의하면, 2007년도에 홈스쿨링을 실시하

---

3) 이에 대하여는 찬반 논쟁이 심한 편인데, 7장에서 좀더 자세히 살펴본다.

고 있는 가정의 부모 학력은 고졸 이하가 13.7%, 전문대 졸업이 36.4%, 4년제 대학 졸업이 29.4%, 대학원 석사 이상이 20.5%였다. 실제로 고등학교를 졸업한 학부모가 고등학교 수준의 교과를 가르치기란 쉬운 일이 아닐 것이다. (사실은 대학을 졸업했어도 긴 시간의 공백 후에 고등학교 수준의 교과를 가르치기란 결코 쉽지 않다.) 이러한 점에서, 홈스쿨링을 실시하는 가정의 경우, 초등학교 수준에서는 학부모가 직접 가르치는 경우가 많이 있겠지만, 중등학교, 특히 고등학교 수준에서는 학습자가 스스로 학습해 나가고, 학부모는 그것을 관리하고 보조해 주는 형태의 교육이 주를 이룰 것으로 생각된다. 따라서 홈스쿨링에서 가장 중요한 것은 아동 스스로 공부해 나가도록 이끌어 주는 '자기주도적 학습self-directed learning' 능력이라고 할 수 있다.

이러한 점을 염두에 두고 영국의 학부모 단체 '다른 교육'도 자기들의 홍보 자료에 "나 자신이 알지 못하는 것을 어떻게 아이에게 가르칠 수 있는가?"라는 소제목으로 다음과 같은 글을 실어서 학부모들을 격려하고 있다(Education Otherwise, n.d.).

당신이 '모든 것을 알아야' 할 필요는 없다. 지속적으로 증가하는 사실들은 변화하고 곧 시대에 맞지 않는 것이 되므로, 요즘 더욱 중요한 기술은 학습하는 방법, 사고하는 방법, 정보를 찾는 방법과 어디서 찾아야 할지를 학습하는 것이다. 가족 전체는 자원으로서 더욱 쓸모가 있을 뿐만 아니라 더 큰 주도력을 갖게 되며, 서로의 호기심과 발견에 대한 스릴을 즐기면서 자녀의 학습을 옆에서 도울 수 있을 것이다.

우리는 '정보가 풍부한' 사회에서 살고 있으며, 구입해서 사용할 수 있는 거대한 양의 교육 정보가 있다. 모든 사람이 무료로 활용할 수 있는 공공도서관, 텔레비전, 박물관, 역사적인 건물들도 있다. 당신이 해야 할 오직 한 가지는 주위를 조사하고 '정보'를 수집할 수 있는 모든 기회를 포착하는 것이다.

모든 지역공동체 내에는 많은 취미 영역과 직업에서 자신의 전문가적 지식을 공유하고자 하는 열성가들이 있게 마련이다. 때로는 친구나 이웃이 특별한 지식과 자원을 기꺼이 제공할 수도 있다. 조금 더 영역을 넓혀서 공부하고자 한다면 야간 강좌, 개인적인 가정교사, 통신강좌, 교육 서적이나 자료, 전문적인 설비와 전자 온라인 자원 등도 활용할 수 있다.

4 홈스쿨링의 효과

홈스쿨링으로 자녀를 교육하고 싶은 경우에도 부모가 쉽게 결정하지 못하는 이유 가운데 하나는 소기의 성과를 낼 수 있을 것인지에 대한 자신감이 없기 때문이다. 여기에서는 홈스쿨링의 효과를 학업 성취 측면, 사회성 발달 측면, 졸업 후 진로 등으로 구분하여 기존 연구 결과들을 중심으로 살펴본다.

학업 성취 측면

뉴욕 브루클린의 홈스쿨러 소녀 레베카 시폰Rebecca Seafon은 1997년 5월에 개최한 제70차 미국 철자 경시대회Spelling Bee에서 최우수상을 수상했다. 이 사건은 홈스쿨링에 대한 사회적 관심을 다시 한 번 불러일으켰다(Makinen, 1997). 지금까지 이루어진 연구 결과에 의하면 홈스쿨링 학생들의 학업 성취는 같은 또래의 공립학교 학생들에 비해 높은 것으로 나타나고 있다. 몇몇 관련 연구 결과를 소개하면 다음과 같다.

5,402명의 홈스쿨러를 대상으로 실시한 레이(Ray, 1997)의 연구에 의하면, 홈스쿨러들은 미국 전국 표준화 학력검사에서 같은 학년의 공립학교 학생들에 비하여 읽기, 듣기, 수학, 사회, 과학 등 전 교과에 걸쳐서 성적이 월등하게 높은 것으로 나타났다. 그들은 전 과목에서 30~37% 포인트 높은 점수를 보였다. 흥미로운 사실은 홈스쿨러들의 학업 성취는 일반 공립학교와는 달리 백인과 다른 소수 인종 사이에, 그리고 아버지의 학력에 따라 차이가 별로 나지 않는다는 것이다. 또한 홈스쿨러들의 학업 성취가 주 정부의 통제 정도와도 관련이 거의 없다는 사실도 흥미롭다. 홈스쿨러들에게 표준화 학력검사에서 상위 몇 % 안에 들어야 한다고 규정하고 있는 주의 경우, 그렇지 않은 주와 학생들의 학업 성취에 차이가 없다는 것은 시험 때문에 더 열심히 공부를 시키지는 않는다는 것을 뜻한다. 한편, 일반 공립학교 학생들의 연간 교육비가 5,325달러인 반면에 홈스쿨링 학생들은 연간 546달러밖에 지출하지 않은 것으로 조사되었는데, 이는 일인당 교육비가 학업 성취와 직접적인 관련이 적다는 것을 보여준다.

이와 비슷한 결과는 20,760명의 홈스쿨러들을 대상으로 조사한 루드너(Rudner, 1999)의 연구에서도 발견된다. 그는 약 25%의 홈스쿨러들이 평균적으로 같은 또래 아이들보다 한 학년 또는 그 이상의 학력 수준을 보이고 있음을 발견했다. 남녀 간 학업 성취도의 차이는 없었다. 아이오와 기초능력시험Iowa Test of Basic Skills 결과, 홈스쿨러들은 학년과 과

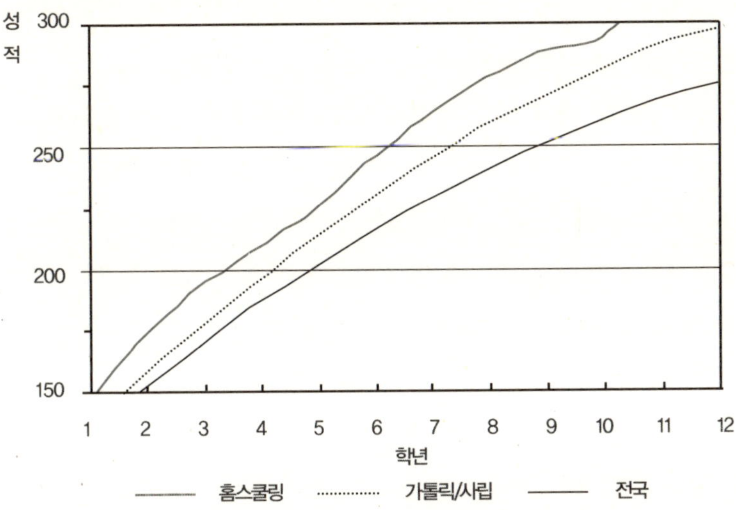

출처 : Rudner, L. M. (1999). Scholastic achievement and demographic characteristics of home school students in 1998. *Educational Policy Analysis Archives*, 7(8); Retrieved June 19, 2009 from http://epaa.asu.edu/epaa/v7n8/

[그림 3-1] 아이오와 기초능력시험 결과

목에 따라 평균 상위 20%에서 30% 위치에 있는 것으로 나타났다. [그림 3-1]에서 알 수 있듯이, 홈스쿨러들의 학업 성취는 모든 학년에서 전국적인 평균과 사립학교 학생들의 평균을 웃돌고 있음을 보여준다.

1990년에 전국홈에듀케이션연구소(National Home Education Research Institute, NHERI)는 2,163개의 홈스쿨링 가정을 대상으로 조사한 결과, 전국적인 기준으로 읽기와 과학은 상위 16%, 언어는 상위 20%, 수리는 상위 19%에 자리하고 있음을 밝혀냈다. 1991년도에 홈스쿨변호협회는 5,124명의 홈스쿨러들을 대상으로 스탠포드 학력평가Stanford Achievement Test를 실시한 결과, 읽기, 수리, 언어 영역에서 같은 또래의 공립학교 학생들에 비해 평균 18~28% 상위에 있다고 보고했다. 전국홈에듀케이션연구소는 1994년에 1만 6,311명의 홈스쿨러들을 대상으로 조사한 결과, 아이오와 기초능력시험에서 상위 23% 위치에 있다고 발표했다. 1999년도에 실시된 SAT에서 홈스쿨러들의 평균은 1,083점(언어 548점, 수리 535점)으로 전국 평균 1,016점보다 67점이 높았다. 2004년도에 실시된 ACT에서도 전국 평균이 20.9점인 반면에 홈스쿨러들은 평균 22.6점으로 전국 평균보다 더 높았다(HSLDA, 2004).

이렇듯 대부분의 연구 결과는 홈스쿨링 학생들이 같은 또래의 공립학교 학생들에 비해 학업 성취가 더 높다는 것을 보여준다. 그러나 이들 연구 결과가 정교한 실험에 의하여 나온 것이 아니라는 점을 고려하여 해석에 주의할 필요가 있다. 지금까지의 관련 연구들은 학교 유형에 따라 학생들을 무작위로 배치하지도 않았고 학업 성취에 영향을 미치는 관련 변인을 통제하지도 않았기 때문에, 홈스쿨링이 학생들의 높은 학업 성취에 영향을 미쳤다고 단정적으로 말하기는 곤란하다. 그럼에도 거의 모든 연구들이 홈스쿨링 학생들의 학업 성취가 일반 공립학교 학생들보다 높다는 결과를 보이는 것은, 적어도 이들이 학업 성취 면에서 다른 학생들에 비해 불리하지 않음을 보여준다고 할 수 있다.

사회성 발달 측면

홈스쿨링을 비판하는 사람들은 홈스쿨러들이 집안에만 갇혀 있기 때문에 사회성 발달에 문제가 있다는 것을 꼭 지적한다. 실제로 1970년대까지만 해도 언론에는 홈스쿨링이 사회에 적응할 줄 모르는, 약간 정신이 이상한 사람들이 하는 것으로 비꼬는 투의 기사가 많았던 게 사실이다. 예컨대 미국 초등학교교장연합회(National Association of Elementary School Principals, NAESP)는 의무취학법을 부활시키고, 홈스쿨링을 법으로 금지시키라는 요구를 했다. 초등학교교장연합회의 1987~1988 강령은 홈스쿨링이 공립학교에 비해 못한 이유를 다음 여덟 가지로 지적하고 있다.

홈스쿨링은

1) 아동으로부터 중요한 사회적 경험을 박탈한다.

2) 학생들을 다른 사회적·인종적 집단과 격리시킨다.

3) 교육청에서 제시하고 있는 전체 교육과정과 자료에 학생들을 접근하지 못하게 한다.

4) 무자격 또는 자격 미달자로부터 공부하게 될 가능성이 있다.

5) 의무취학법을 집행하는 행정가들에게 추가적인 부담을 안겨 준다.

6) 학문적 수준의 질에 대하여 효과적으로 평가하지 않을 수도 있다.

7) 건강과 안정의 표준을 어길 가능성이 있다.

8) 특수한 재능, 학습 부진 등 별도의 교육적 처치가 필요한 아동들이 자기의 필요를 충족시키는 데 필요한 진단과 계획을 제공받지 못할 수도 있다.

이와 비슷한 맥락에서 미국의 교원단체인 전국교육연합(National Education Association, NEA)도 홈스쿨링 관련 법령의 제정 과정에서 홈스쿨링에 대한 반대 입장을 분명히 했다. 다음은 1991~1992 전국교육연합 결의문 중 홈스쿨링 관련 부분이다.

전국교육연합은 홈스쿨링 프로그램이 학생들에게 종합적인 교육 경험을 제
공할 수 없다고 믿는다.

전국교육연합은, 만일 학부모가 홈스쿨링을 선택하는 경우에는 홈스쿨링 학
생들이 주의 모든 의무 조항을 충족시켜야 한다고 믿는다. 수업은 주에서 인
정하는 자격을 소지한 사람에 의해서만 이루어져야 하고, 교육과정은 주의
교육부가 인정한 것만 사용되어야 한다.

더 나아가, 전국교육연합은 홈스쿨링 프로그램이 전적으로 학부모의 비용에
의존하여 자기 자녀에게만 한정되어야 한다고 믿는다.

그러나 사회성 발달과 관련이 많다고 하는 특별활동과 지역사회 봉사
활동 면에서 보면, 홈스쿨러들이 결코 집안에만 틀어박혀 있지 않음을
알 수 있다. 그들은 평균 5.2가지의 가정 밖의 활동에 참여하고 있으며,
2가지 이상의 활동에 참여하고 있는 학생들이 무려 92%나 되었다(Ray,
1997). 이러한 활동에는 스카우트, 현장 방문, 댄스 교실, 4-H, 스포츠,
음악, 선교, 주일학교, 자원봉사 등 다양한 활동이 포함된다. 오히려 홈
스쿨링을 실시하고 있는 가정의 학부모들은 일반학교에서 쉽게 발견되
는 학교 폭력, 기물 파괴, 교사의 아동학대, 마약, 임신, 시험 커닝 등 비
도덕적 행위들 때문에 학생들의 사회성 발달에 문제가 많다고 우려한다
(Balmann, 1995; Klicka, 1995).

홈스쿨러들의 사회화와 관련된 연구들을 종합 정리하면서, 맥도웰
(McDowell, 2004)은 선행 연구들의 방법론과 사회화 개념의 차이에도 불
구하고 이들 연구들은 홈스쿨러들의 사회화에 대하여 일관성 있게 긍
정적인 결과를 보여주고 있음을 밝힌다. 즉 그들은 사회화 측면에서 일

반학교 학생들에 비해 결코 부족하지 않으며, 오히려 더 나은 점도 많다는 것이다. 텍사스에서 홈스쿨링을 하는 한 어머니는 자녀의 사회화와 관련하여 다음과 같이 말하고 있다(Griffith, 1997, p. 11).

홈스쿨링 환경이야말로 사회화에 이상적인 것 같아요. 학교 교실에서 아이들은 하루 여덟 시간 가까이 서른 명 정도 동료들과 함께 갇혀 지내야 하잖아요? 그러다 보면 밖에 있는 다른 연령층 사람들과 사귈 시간이 거의 없어요. 그렇지만 홈스쿨링 상황에서는 아이가 모든 연령층의 다양한 직업과 흥미를 지닌 사람들을 만날 수 있지요. 결과적으로 아이가 사회성도 길러지고 더 자신감 있고 균형 잡힌 사람으로 성장하게 되지요.

홈스쿨링을 하는 한 학생도 사회화에 대해 다음과 같이 긍정적인 발언을 하고 있다(Rivero, 2008, p. 63).

저는 "와우, 넌 홈스쿨링하는 애 치고는 사회성이 꽤 밝구나" 하는 말을 자주 듣습니다. 사실 저는 홈스쿨링을 하고 있기 때문에 제 또래뿐만 아니라 모든 연령층의 사람들과 더 쉽게 의사소통할 수 있게 됐거든요. 제 나이 또래의 대부분 아이들은 같은 연령대하고만 놀지만, 홈스쿨링하고 있는 저는 다양한 연령층을 만나기 때문에 사회성이 더 쉽게 길러지는 것 같습니다.

홈스쿨링에 또 다른 도전을 제기하는 집단은 흥미롭게도 아동의 인권과 복지를 책임지는 사회복지 또는 아동복지 담당자들이다. 이들의 기본 책무는 법에서 보장하고 있는 아동들의 인권을 보호하는 일이다. 이들은 아동학대를 받고 있다는 의혹의 눈으로 홈스쿨링 아동들을 바라보는 경향이 있다. 실제로 이들은 학교에 가야 할 낮 시간에 부모의 감독 없이 자기들끼리 집안에서 놀거나 집 근처에서 놀고 있으니 한 번 조사해 보라는 제보를 받기도 한다. 부모로부터 체벌을 당하는 홈스쿨링 아동이 고발, 접수되기도 한다. 아동복지 담당자들은 홈스쿨링이 합법적으로 운영되는 제도라는 것을 몰라서 그러는 경우도 있겠지만, 기본적으로 업적을 쌓거나 자기 자리를 보존하기 위해서 홈스쿨링 가정을 방문 조사해 아동학대로 몰아붙이려는 경향도 있다고 한다. 그들은 홈스쿨링 부모와의 면담 과정에서 과장된 언어를 사용하거나 겁을 주면서 아동학대의 증거와 고백을 확보하려고도 한다(Klicka, 1995).

이에 대하여 법적 자문을 해주는 홈스쿨변호협회는, 아동학대로 고발당하지 않도록 평소에 이웃에게 홈스쿨링을 설명하는 한편 아이들만 집이나 자동차에 홀로 내버려두지 말 것과 공공장소에서 아이들을 때리지 말 것을 권고하고 있다. 아울러 아동복지 담당자가 집에 오는 경우에도, 이것은 사생활 보호와 관련하여 헌법에서 보장하고 있는 것이므로, 영장이 없는 경우에는 절대로 집안으로 들이지 말고 명함을 받아 홈스쿨변호협회에 연락하여 법적으로 대응할 것을 권고하고 있다. 아동복지사의 방문으로 홈스쿨링을 그만두게 된 사례가 그렇게 많지는 않으나, 홈스쿨링 가정과 아동복지사의 전쟁은 앞으로도 계속될 것 같다.

졸업 후 진로

고등학교 수준까지 홈스쿨링을 마친 후 학생들이 각종 대학에 진학

하는 비율은 69%로 공립학교의 71%와 크게 다르지 않다(Ray, 1997). 홈
스쿨러들이 대학에 진학하는 숫자가 크게 증가하면서 대학의 태도도
변하고 있다(Cohen, 2000). 예컨대 1986년도에는 전체 대학 가운데 90%
가 홈스쿨러들을 위한 명확한 입학 정책을 지니고 있지 않았으나, 2004
년에는 하버드대학교 등 아이비리그 대학을 비롯하여 75% 이상의 대학
이 지니고 있으며, 홈스쿨러의 입학을 허용하는 대학의 숫자가 매년 증
가하고 있다. 이들 대학의 입학 담당자들은 대체로 홈스쿨러의 지원을
긍정적인 입장에서 받아들인다(Jones & Gloeckner, 2004). 이제는 미국 내
최상위권 대학들도 생활기록부를 받은 적도 없고, 학교에서 치르는 공
식적 시험 결과도 없을 뿐만 아니라 성적표조차 없는 홈스쿨러들에게
도 입학의 문을 열어 놓고 있는 것이다. 홈스쿨러들은 부모가 아닌 사람
들에게 받은 추천서, 인터뷰, 홈스쿨링 경험을 드러낼 수 있는 포트폴리
오, 학업계획서 등을 가지고 대학에 진학한다.[4]

우리나라에서는 현재 인하대학교가 홈스쿨러에 대한 입학 전형을 별
도로 시행하고 있다.[5] 이것은 홈스쿨링 교육이 일반학교와 질적으로 다

---

[4] 필자의 둘째 딸은 한국에서 중학교 1학년 2학기 초에 학교를 나와 홈스쿨링으로 중학
교와 고등학교 과정을 검정고시로 마쳤다. 둘째 딸은 필자가 미국 아이오와대학교에서
연구년을 보내고 있던 2009년도 9월에 같은 대학 정보학 전공으로 입학했다. 필자의
딸이 학교에 제출한 서류는 고등학교 졸업 인정 검정고시 합격증명서, 토플 성적, SAT
성적, 학업계획서, 두 분의 목사님으로부터 받은 추천서가 전부였다. 그렇다고 그녀의
토플이나 SAT 성적이 아주 뛰어나지도 않았다. 아마도 입학할 수 있었던 것은 아이오
와대학교가 홈스쿨러들을 위한 별도의 전형 기준이 있었고, 입학사정관제도가 있어 나
름대로 그녀가 지니고 있는 잠재력이 높게 평가되었기 때문일 것이다.

[5] 인하대학교는 2007학년도 입시부터 '21C 글로벌리더' 전형의 하나로 '비인가 대안학
교 및 홈스쿨링' 전형을 별도로 실시하고 있으며, 수능 최저 학력 기준을 적용하지 않고
있다. 1단계로 고졸 검정고시 성적(20%) + 서류 평가(80%)로 모집 인원의 2배수를 선
발하고, 1단계 성적(50%) + 심층 면접(50%)을 기준으로 최종 선발한다. 2009학년도에

르지 않다는 것을 보여주는 하나의 증거라고 할 수 있다. 사실은 홈스쿨링의 성장이 정부 입장에서도 크게 손해될 것이 없다. 왜냐하면 정부는 돈을 거의 사용하지 않고도 홈스쿨링을 통하여 양성된 똑똑한 인재를 갖게 되는 셈이기 때문이다(Lyman, 1998).

는 6명 선발에 102명이 지원했다. 고졸 검정고시 성적 평균이 80점 이상이어야 지원 가능하며, 지원자는 자기소개서 및 추천서와 함께 홈스쿨링하는 동안 경험한 다양한 활동을 보여줄 수 있는 활동 내역 보고서(포트폴리오)를 제출하여야 한다.

4 장

의무취학제도와 홈스쿨링

홈스쿨링은 의무취학제도와의 관련 속에서 이해되어야 한다. 4장에서는 의무취학제도와 홈스쿨링의 관계를 알아보기 전에 먼저 미국을 중심으로 공립학교의 형성 과정에 얽힌 이해집단 간 갈등을 교육정치학적 관점에서 살펴보고, 이러한 갈등 속에서 탄생한 공교육제도가 의무취학제도로 발전해 가는 과정을 분석하고자 한다. 끝으로 의무취학제도 하에서 홈스쿨링 관련 쟁점을 철학적·논리적 측면과 경험적 측면으로 구분하여 논의하고자 한다.

1 미국 공립학교 형성 과정의 교육정치학적 분석

정치적, 종교적, 교육적 측면으로 구분하여 각 측면에서 개혁가들과 반대파들의 주장 내용을 중심으로 미국 공립학교 형성 과정에서 나타난 양 집단의 갈등 양상을 살펴본다.

정치적 측면에서 본 미국의 공립학교 형성 과정

미국 공교육제도는 공동학교common school 개혁운동이 성공함으로써 큰 탄력을 받는다. 운동 과정에서 호라스 만Horace Mann 등 개혁 주체 세력들이 주장하는 '위대한 형평자great equalizer'로서의 역할을 지지하는 입장과, 공립학교의 강제 설립으로 오히려 불평등한 사회구조가 악화되고 있다는 입장 사이의 대립이 매우 심각했다. 한편, 공립학교 개혁운동은 중앙 통제 강화와 지역주의의 갈등으로 이해되기도 한다.

1) 개혁가들의 주장

19세기 중반 미국의 공동학교 개혁에 앞장선 사람은 1837년부터 1848년까지 매사추세츠 주에서 최초의 교육감을 역임했던 호라스 만이다. 그는 한 계층이 열심히 일한 것을 다른 계층이 착취한다고 보는 마르크스와는 달리 계층 갈등을 불가피한 것으로 보지 않았다. 그가 볼 때, 부자의 재산을 훔쳐 가난한 자들에게 나누어주는 것은 근본적인 문제 해결책이 아니다. 오히려 가난한 자들이 스스로 재산을 형성할 수 있도록 그들을 교육시켜 생산적으로 만들어 주는 것이 효과적이다. 그는 이러한 과정으로 중산층을 확대하는 것이 평등사회로 가는 첩경이라고 믿었다. 이렇듯, 호라스 만은 인간 삶의 조건에서 공동학교가 '위대한 형평자' 역할을 수행할 수 있을 것으로 확신하고 모든 계층, 종파, 인종을 막론하고 공동학교에 의무적으로 다니도록 해야 한다고 역설했다(Karier, 1986: 60-61). 실제로 호라스 만의 노력 결과 1852년 매사추세츠 주에서 미국 최초의 의무취학법이 발효되었다. 이러한 변화는 공교육의 원리로서 보편성, 평등성, 무상성, 의무성 등이 자리를 잡는 데 결정적으로 영향을 미쳤다고 할 수 있다.

더 나아가 호라스 만과 함께 강력한 국가 통제의 공립학교 설립을 지지했던 당시 교육 지도자들, 예컨대 미시간 주의 존 피어스John Pierce, 뉴욕 주의 윌리엄 시워드William Seward, 코네티컷 주의 헨리 바나드 Henry Barnard 등 공립학교 개혁 4인방은 공립학교의 확대가 '가진 자'와 '못 가진 자' 사이의 뿌리 깊은 증오심을 사라지게 할 뿐만 아니라, 사회의 전반적인 범죄율을 낮출 것이라고 주장했다. 공동학교 개혁운동가들은 교육을 통하여 선한 시민을 양성하여 평등하고 민주적인 국가를 건설할 수 있을 것으로 믿었다.

공동학교 개혁가들은 교육이 지니고 있는 개인적 차원과 사회적 차원 중에서 후자를 더 강조했다고 할 수 있다. 이들은 공통의 정치적 신념, 종교적 가치, 도덕적 가치가 모든 어린이들에게 스며들기를 원했다 (Spring, 1989). 이에 따라 공동학교에서는 정치적으로 또는 종교적·도덕적으로 논쟁거리가 될 만한 것을 가르쳐서는 안 되었다. 개혁가들은 부모의 출신 성분에 상관없이 모든 아이들이 한 교실에서 배움으로써 멋있는 국가를 형성할 수 있을 것으로 믿었다. 이러한 생각은 의무취학법으로 실현될 수가 있었다. 의무취학법은 일정 연령의 아동을 부모와 여타의 문화적 영향으로부터 분리시켜 공립학교와 교사가 이들의 교육을 담당함으로써 선한 시민을 양성하고 동일한 국민 문화를 형성하는 데 그 취지가 있다(Richman, 1995). 마이어 등(Meyer et al., 1979)도 19세기 말 미국 공교육이 발전했던 배경을 연구한 결과 도시화, 산업화, 이민자의 급증 등의 사회적인 요인보다는 다수 미국 시민들이 공유하던 국가 형성nation-building 이데올로기의 요인이 훨씬 더 컸음을 밝히고 있다.

2) 반대파의 주장과 비판

미국의 공립학교가 대부분 시민들의 찬성 속에 확대되어 갔으나, 모두가 찬성하는 것은 아니었다. 반대파에는 남부 지역 노예주들, 영어를 모국어로 사용하지 않는 이민자, 비非개신교 집단, 공동학교에서 소외된 흑인들, 종교적·경제적 급진적 이데올로기를 신봉하는 급진파, 독립적인 지역 생활을 주장하는 지역주의자 등이 있었다(Kaestle, 1983). 이 가운데 개혁가들을 가장 괴롭힌 것은 종교적인 문제를 들고 나온 기독교 내 다른 종파들과 중앙집권적인 행정을 반대하는 지역주의자들이었다. 종교 문제는 뒤에서 별도로 다루게 되므로 여기에서는 지역주의자들의 문제만 다루도록 하겠다.

중앙 대 지역의 갈등 문제에 앞서 공립학교 주창자들이 내세웠던 공립학교의 '위대한 형평자'로서의 역할과 국가 형성 기능에 대한 비판의 소리를 먼저 들어보자. 카츠(Katz, 2001)는 "과연 미국 공교육의 확장이 노동자 계층의 요구에 따라 이루어진 것인가?"라고 질문하면서, 공립학교의 의무화 속에서 일부 노동자 계층은 이해가 부족했고, 회의하기도 했으며, 더 나아가 적개심을 품는 경우도 있었다고 주장한다. 더 나아가 그는 공동학교에서 특정 종파의 교리를 가르치는 것은 금지되었으나, 노동자 계층과는 다소 거리가 있는 개혁 주체 세력의 문화와 가치가 교육과정과 교과서에 반영되었다고 주장한다. 예컨대 개혁가들의 다음과 같은 진술은 노동자 계층의 반발을 사고도 남았다는 것이다(Katz, 2001: 215).

당신들은 사악하고 비도덕적이며, 근시안적이고 대부분의 경우 완전히 잘못된 길로 나아가고 있다. 그러나 우리는 옳다. 따라서 우리가 당신들에게 진리를 보여주겠노라.

보울즈와 긴티스(Bowles & Gintis, 1976)는 자본주의의 발달에 따라 특정한 기술, 의식, 태도, 습관, 행동 성향 및 인성을 가진 노동력이 요구되었고, 이러한 경제적 요구에 따라 나온 것이 대중 초등교육이라고 보았다. 이들은 초등 공동학교뿐만 아니라 중등학교도 자본가 계층이 노동자 계층을 통제하기 위한 산물이라고 주장했다. 샤피로(Shapiro, 1980)는 같은 맥락에서 노동자 계층 자녀에게 학교가 해준 것은 생존에 필요한 지식과 기술이라기보다 훈육, 권위에 대한 존경, 정신노동에 대한 경외뿐이었다고 말한다. 이들은 학교가 가난한 자들에게 무언가 좋은 일을 한다는 것은 하나의 신화에 불과하다고 주장한다(Greer, 1972).

노동자 계층이 공립학교의 강제 설립에 반대했다는 증거로 카츠의 연구가 자주 인용된다. 이 연구는 1857년에 설립된 비벌리 고등학교의 폐교를 두고 1860년에 투표한 결과, 노동자 계층의 불만이 가장 강하게 표출되어 결국 폐교되었다는 것을 보여준다.[1] 그러나 캐슬(Kaestle, 1983)은 이 연구 결과를 중앙 통제 강화에 대한 지역주의의 반발로 이해한다. 한편, 카츠의 연구가 고등학교를 대상으로 하고 있다는 점에서 그 결과를 초등학교 수준인 공동학교에 그대로 적용하는 것에 무리가 있을 수 있다.

이제 18세기 중반 공동학교 확대의 걸림돌 가운데 하나인 지역주의자들의 비판 의견을 들어보자. 지역주의자들의 입장에서 볼 때, 관련 법규나 공적 재정의 지원이 없는 가운데에서 이미 학부모와 지역사회의 자발적 힘으로 학교를 설립·운영하고 있었는데, 국가(여기에서는 주로 주 정부)가 강제적으로 기존 학교를 공립으로 편입시키고, 또 강제로 확산시키는 것은 지역의 공적·개인적 생활에 대한 침해라는 것이다. 청교도적 전통을 지닌 일부 개신교도들은 개인 돈을 들여 학교를 세워 아이들을 교육시키던 전통을 예로 들면서 "교육은 사적 의무이지 공적 의무가 아니다"라고까지 주장하면서, 무상교육을 위한 세금 제도 자체를 반대하기도 했다. 이들이 볼 때, 학부모와 지역사회가 아이들을 얼마나 어떻게 교육시킬지, 비용을 어떻게 충당할 것인지를 스스로 결정하면 그만이지, 주 정부가 지역에 학교를 세우라고 강요할 명분은 아무데도 없다는 것이다. 더 나아가 지역주의자들은 교육위원회 같은 주 정부 중심의 개

---

1) 이 투표에서 전문직은 그 학교를 존속시키자는 입장이었으나, 구두장이와 어부는 3대 1로 폐교를 찬성하고, 기술공과 기업인은 1대 1로 의견이 갈린 것으로 나타났다. 이것을 보고 카츠는 노동자 계층이 공립학교의 강제 설립을 반대했다고 해석한 것이다.

혁 추진 방식이, 몇몇 사람에게 권력을 쥐어 주는 중앙집권체제로 미국의 민주 정신에 위배된다는 비판을 하기도 했다. 심지어 주 위원회를 해산하고 교육감을 해고하라는 주장을 하기도 했다. 이러한 비판은 도시보다는 농촌 지역일수록 더 강했다. 어쨌든 공립학교 개혁을 반대하는 목소리는 비록 산발적이기는 했으나 개혁 프로그램을 지연시키거나 수정하는 데 영향을 미친 것은 사실이다(Kaestle, 1983).

이에 대하여 개혁가들은 주 정부 수준의 강화된 규정, 학교구의 통합, 사학의 공립 전환, 교사 및 행정직의 전문성 강화 등의 기치를 내걸고 공동학교 개혁을 강력하게 추진해 나갔다. 또 공교육이 그것을 받는 사람뿐만 아니라 전 사회에 이익이 된다는 논리를 펼치면서 동조자들을 많이 얻게 된다. 학교구를 통합하는 규모의 경제 논리와 교사의 전문성을 확보하고 표준화된 교육과정과 교과서로 교육의 질을 향상시킨다는 논리도 어느 정도 설득력이 있었던 것으로 보인다. 한편 공립학교의 중요성과 가치를 모르기 때문에 반대한다고 인식한 개혁가들은 지역 순회강연을 하며 일종의 '계몽' 운동을 전개하기도 했다. 그 결과는 의외로 좋아 지역에서 찬성하는 사람들의 숫자가 점점 늘어났고, 신문과 잡지도 공동학교 개혁을 지지하는 방향으로 기사를 썼다(Kaestle, 1983). 이들 언론 기관도 공립학교가 선한 시민을 양성하는 국가 형성의 기능을 수행해 주기를 기대했다고 할 수 있다. 그리고 빠르게 진전되고 있던 도시화 및 산업화와 이민자 증가 등의 사회적 변화도 주 정부의 개입을 정당화하는 데 도움을 주었다. 이렇게 하여 일부 강한 소수 반대파가 여전히 지역에 남아 있었음에도 18세기 중반 미국의 공립학교 개혁은 서서히 성공의 길로 접어들게 된다.

종교적 측면에서 본 미국의 공립학교 형성 과정

전통적인 개신교, 가톨릭 등 기독교 내의 여러 종파들은 비종파적 non-sectarian 교육을 내세운 개혁가들의 주장을 비판하고 나섰다. 기독교 중심의 역사와 문화를 유지해 왔던 미국 사회에서 공동학교 개혁운동에 가장 큰 걸림돌이 되었던 것은 바로 공립학교 교육을 둘러싸고 이루어진 종교적인 논쟁이었다.

1) 개혁가들의 주장

호라스 만이 12년 동안 매사추세츠 주의 교육감으로 재직하는 동안 그를 가장 괴롭힌 것은 공립학교의 종교교육 문제였다(Karier, 1986). 그의 입장에서 이미 기독교 안에도 다양한 종파가 생겨나는 등 종교적으로 다원화된 사회 안에서 특정 종파의 교리를 공립학교에서 가르치도록 할 수는 없는 일이었다. 그는 공화정부의 도덕적인 시민을 양성하기 위해서는 모든 종교(특별히 기독교의 여러 종파)의 공통적인 요소를 가르치는 것이 최선의 방법이라고 생각했다. 그 구체적인 방법으로는 '아무런 해석이나 주석 없이 성경을 읽는 것'을 선택했다. 이것은 공교육의 원리인 중립성의 명분으로 강조되기도 했다.[2]

---

2) 중립성의 원리는 학교에서의 종교 행위를 더욱더 어렵게 만들어 왔다고 할 수 있다. 이에 관한 최근의 판례는 다음 세 가지 특징을 보이고 있다(손희권, 1998: 155-156). 첫째, 종교에 적대적이어서는 안 된다. 둘째, 종교와 무종교 또는 비종교 간에 중립성을 지켜야 한다. 끝으로, 종교 간에 중립성을 지켜야 한다. 미국의 경우 학교에서 종교교육(특히 개신교적 전통)의 약화를 구실로 보수적인 기독교의 입장에 있는 학부모가 홈

호라스 만 등 당시 공동학교 개혁 주체들은 미국 중산층 출신으로서 개신교의 전통과 가치가 공립학교에 자연스럽게 스며들기를 원했다. 모든 종파에 공통적인 요소를 종교교육의 기본으로 하겠다고 했으나, 개혁가들의 신앙 터전인 개신교 전통을 뛰어넘을 수는 없었던 것으로 보인다. 특별히 호라스 만은 다양한 종파의 공통점을 뽑아 만든 비종파적 종교를 '자연 종교natural religion'라고 불렀으나, 자기가 신봉하고 있던 유일신앙Unitarianism의 입장에서 종교교육이 실시되기를 바랐던 것으로 보인다(Litz, 1975).

2) 반대파의 주장과 비판

개혁가들이 선택한 '주석 없이 성경 읽기'라는 대안은 일부 종교 집단의 반발을 가져왔다. 예컨대, 성경 읽기는 기본적으로 개신교의 전통이라는 점과 공동학교에서 교사와 학생이 읽는 성경이 킹제임스판King James Version이라는 점에서 로마 가톨릭은 '성경 읽기'를 반대했다. 한편, 구약성서를 중심으로 신앙생활을 하는 유대교파에서는 공동학교에서 읽는 신약성서New Testament에 강한 거부 반응을 나타냈다. 그러나 다행히 이들 두 집단은 정치적으로 힘이 약한 소수집단이었기 때문에 개혁파의 '성경 읽기'를 막거나 수정하는 데까지 미치지는 못했다(Karier, 1986).[3]

스쿨링을 대안으로 택하고 있는 사례가 증가한 것으로 볼 수 있다.

3) 가톨릭은 정부가 학교교육을 독점하는 것은 옳지 않다고 보고 자체적으로 교구 학교를 설립하기도 했다. 이러한 가톨릭 학교들은 향후 미국 사립학교의 주종을 이룬다.

가장 큰 반발은 홍미롭게도 정통 개신교라고 할 수 있는 칼뱅주의파로부터 제기되었다. 이들이 보기에 공립학교화된 이후에 시행하는 형식적인(?) '성경 읽기'만으로는 전통적인 기독교 신앙을 학생들에게 전달할 수 없었다. 일부 열성 신자들은 심지어 공립학교가 '하나님 없는 학교'로 변화하고 있다고 비판했다. 주 정부가 나서서 공립학교를 만들기 전에는, 학부모와 지역사회가 자발적으로 자신들의 필요로 만든 학교에서 개신교의 교리에 따라 다양한 종교 행위를 할 수가 있었다. 이들 눈에는 새로운 공립학교가 '세속화'의 길을 걷고 있는 것으로 비쳐졌다. 이들은 학교에서 성경의 가르침을 소홀히 했기 때문에 청소년 범죄가 증가하고 사회 전반의 도덕적 타락이 심해졌다고 비판하기도 했다.[4] 당시 공립학교에서 종교 행위를 둘러싸고 일어난 이러한 갈등은 같은 개신교도들 안에서도 세계주의 개신교도Protestant cosmopolitans와 지역주의 개신교도Protestant localists 사이의 갈등으로 이해할 수 있다(Kaestle, 1983). 따라서 공립학교에서의 종교교육 문제는 종교적 갈등과 정치적 갈등이 만나는 상황이라고 볼 수 있다. 이러한 갈등 속에서 역사는 호라스 만 등 개혁가들의 손을 들어주었다. 정통 칼뱅주의파의 거센 비판과 도전에도 불구하고 점점 더 많은 사람들이 개혁가들의 생각에 동조했고, 개혁가

---

4) 이후에 우후죽순처럼 생겨난 기독교 사립학교들은 공립학교의 세속화에 대한 한 대응이라고 할 수 있다. 기독교 학교들은 상당 기간 동안 기독교 정신에 따라 자녀를 교육시키고자 하는 가정의 요구를 충족시켜 왔다. 그러나 1980년대 중반 이후 홈스쿨링이 사회적 운동으로 성공하면서 많은 가정들이 기독교 사립학교를 떠나 홈스쿨링을 선택했다. 여기에는 여러 가지 이유가 있지만, 기독교 학교들이 지닌 조직으로서의 경직성, 교단의 차이로 인한 교리의 차이, 비싼 학비 등이 가장 주요한 이유였다(Gaither, 2008a). 어떤 점에서 보면 미국 공교육제도의 성립 과정에 이미 보수적인 기독교 계열 홈스쿨링의 씨앗이 들어 있다고 할 수 있다.

들은 공통의 가치관과 태도를 가르치는 공립학교를 통한 새로운 미국 사회 건설의 꿈을 안고 앞으로 나갈 수가 있었다(Litz, 1975).

교육적 측면에서 본 미국의 공립학교 형성 과정

18세기 중반 미국의 공동학교 개혁운동이 진행되는 과정에서 교육적 측면으로는 지식 교육과 가치 교육의 상대적 중요성, 교사의 전문성과 여성화, 교육과정과 교과서, 교육의 주체 등의 주제에 대한 논쟁과 갈등이 발견된다.

1) 개혁가들의 주장

공동학교 개혁가들은 지식교육보다 도덕과 가치교육을 더 강조했다. 물론 이들이 노동자와 농민을 더 똑똑하고 행복하게 한다든지, 미국의 국가 경쟁력을 강화한다든지, 역사와 정치경제를 이해해서 선동정치가를 선출하지 않도록 한다든지, 문해文解를 통해 건전하고 건강한 생활을 누릴 수 있도록 할 필요성을 이해하지 못했던 것은 아니었다. 그러나 그들은 공동학교의 목적으로 지식교육이라는 개인적 목적보다 다음과 같은 사회적 목적이 훨씬 더 중요하다고 보았다(Kaestle, 1983: 101).

- 순종적인 아동을 만드는 도덕교육
- 범죄의 감소
- 사회악의 요소 제거

- 공화정을 유지하는 시민교육

- 정치·경제 참여를 위한 문해

- 동화와 일치를 위한 문화교육

이러한 교육 목적을 달성하기 위한 교과과정으로 읽기, 쓰기, 산수 이외에 철자법, 문법, 지리, 역사, 성경 읽기 등이 포함되었다. 그리고 건강(체육)과 음악(특히 성악)도 강조되었다. 성악은 폐를 많이 사용하면 폐결핵에 걸리지 않을 것이라는 건강상의 이유로 거론되었다(Cremin, 1961; Karier, 1986). 개혁가들은 공동학교에서는 민주 시민으로 살아가는 데 불편하지 않을 정도의 최소한의 지식교육으로 충분하다고 본 것 같다. 또 교육 방법으로 비판적 사고 능력을 키워 주는 방법보다는 주입식 교육 방법이 권장되었으며, 종전의 무학년제 학교 운영은 동년배 학생들을 한 학년으로 묶어서 교육하는 학년제 교육 방법으로 바뀌었다.

또한 개혁가들은 교사의 전문성을 높이고 근무 조건을 개선하는 데 관심을 많이 기울였다. 예컨대, 계약 기간을 늘이고, 봉급 인상을 꾀했으며, 별도의 교사 양성 기관, 즉 사범학교normal school를 통해 전문적인 교사 훈련 과정을 제공하고자 했다. 이것은 공교육의 전문성 원리로 뒷받침되곤 했다. 공동학교 설립 이전의 지역 학교들에서는 제대로 훈련된 교사가 가르치지 않고 몇 단계 먼저 배운 사람이 교사 역할을 수행하고 있었다. 그러나 늘어나는 교사 수요를 단기간에 감당할 수 없어 비용 절감 차원에서 여교사 채용을 권장했다. (당시 매사추세츠 주의 여교사 봉급은 남교사의 약 40%에 불과했다고 한다.) 그 결과 매사추세츠 주에서는 1834년에 56%였던 여교사 비율이 1860년에 78%로 늘어났다. 공동학교에서 여교사 채용을 찬성했던 이유는 싼 인건비도 있었지만, 천성적으로 어린이를 돌보는 데에는 여성이 남성보다 낫다는 믿음 때문이기도 했다. 여교사가 공동학교의 중심이 되면서 문제가 없는 것은 아니었다. 여교사는 대체로 결혼 후 이직하는 경향이 있는데다 일부 고급 교과를 가르칠 능력이 부족하고 나이든 남학생을 다루는 데 서툴다는 비판을 받기도 했다. 1860년 남부 미시간 주에 근무했던 여교사의 77%가 17~25세인 젊은 교사였다(Kaestle, 1983).

2) 반대파의 주장과 비판

공동학교에서 가치교육에 비하여 지식교육을 소홀하게 다루는 것을 반대하는 사람들은 학교교육에 사회의 통합성을 유지하려는 정치적 의도가 강하게 들어 있다고 주장한다. 어떤 수준의 교육이든 지식 교육은 지식과 사고 능력의 향상을 가져오고, 따라서 항상 모반의 씨앗을 품고 있다는 것이다. 사실 지식과 지적 능력이 증가될수록 통제에 대한 저항이 증가할 가능성이 있다. 따라서 정치 엘리트가 정치적 지배를 계속할 수 있는 가장 좋은 방법은 엘리트에게만 지식 교육을 시키고 그 외의 집단은 교육의 기회를 주지 않는 것이다. 그러나 현대사회는 교육받은 노동력을 필요로 하기 때문에 그럴 수가 없다. 여기에 정치 엘리트 집단의 딜레마가 있다. 학교교육을 통하여 모반이 일어나지 않도록 국민을 통제하면서, 동시에 저소득층과 노동자 계층의 정치적·경제적·사회적 지위 상승의 욕구를 학교를 통해 수용해야 하는 것이다(Spring, 1988). 이 비판가들은 공동학교 개혁 주체들이 그 대안으로써 지식 교육은 기초만 하면서 가치 교육을 강조했다고 보는 것이다. 그러나 실제로 당시에 저소득층이나 노동자 계층이 공동학교가 지식교육을 충분히 시켜 주지 않는다며 집단적으로 불만을 제기했다는 증거는 별로 없다.

공립학교에서 지식교육보다 정치사회화 기능을 강조함에 따라, 소크라테스 방식의 비판적 사고 능력을 함양하는 교육 방법보다는 주입과 교화의 방법이 활용된 것은 당연하다고 할 수 있다(Pyle, 1997).

이와 함께 논의되어야 하는 것은 호라스 만이 프러시아의 사범학교를 본떠 이식하려 했던 교사 양성 기관에 대한 비판이다. 프러시아 사범학교가 교과 전문지식은 취약하면서 교수법에만 능한 교사를 길러 냈다는 사실에 비추어 볼 때, 그가 기르고자 했던 교사도 전문가라기보다는 기술자에 불과했다고 할 수 있다. 또한 독일의 국민학교 교사들은 소위 '정치적으로 안전한' 교사로서, 독일 대학의 학문적 성취와는 동떨어진 상태에서 사회비판가로서 역할을 전혀 수행할 수 없었다. 이것이 바로 프러시아 지배 집단의 의도였다고 할 수 있다. 이 모든 것을 호라스 만이 의도했는지는 알 수 없으나, 결과적으로 미국의 교사 양성도 비슷했다고 할 수 있다(Karier, 1986). 이미 18세기 중반에 미국의 많은 대학들이 학문적 접근을 통해 교과 지식에 정통한 교사들을 배출하고 있었다. 그가 이것을 무시하고 프러시아 사범학교의 모델을 본받아 교사 훈련의 기술적 측면을 강조하는 주립 사범학교를 세우려 했다는 점에서 '안전한' 교사의 배출을 기대했다는 의심을 살 만하다고 하겠다.[5]

---

5) 교사 양성과 관련하여 학문적 수월성을 강조하는 아카데미즘academism과 품성, 교수 기술 등 교직의 전문적 능력을 강조하는 프로페셔널리즘professionalism 사이의 갈등은 이토록 역사가 깊다. 이것은 개방 양성과 목적 양성 사이의 갈등으로 볼 수 있는데 역사적으로 보면, 우리나라의 초등은 예외이지만, 대체로 목적 양성에서 개방 양성 쪽

끝으로 아동의 교육을 놓고 정부와 부모 사이에 누가 더 중요한가에 대한 논쟁이 있었다. 개혁가들은 아동교육에 대한 주 정부의 책임이 전통적인 부모의 책임에 앞선다고 주장하면서 공동학교 개혁을 강력하게 추진해 나갔다. 아동교육에 관한 한 학부모의 역할을 담당하는 정부의 이미지를 강조했다. 이와 같은 맥락에서 1865년 위스콘신 교사연합에서는 '아이들은 주의 자산이다'라고 선포하면서 공동학교 개혁운동에 찬동했다. 일부 학부모는 공립학교 중심의 이러한 변화는 헌법이 부여하는 부모의 권리를 침해하는 것이라며 맞서기도 했으나[6] 공동학교 개혁운동을 가로막을 만큼 크지는 못했던 것으로 보인다. 대부분의 학부모들은 자녀에 대한 직접 통제권을 잃기는 했지만, 학교가 부모 대신 교육을 잘 시킬 것으로 믿고 학교를 보냈기 때문이다.

2 미국의 의무취학제도 형성 및 발전

학교의 기능에 대한 사회적 신뢰와 공감대가 형성되면서 미국의 공교육제도는 뿌리를 내리게 되었고, 궁극적으로 의무취학도 그 정당성을 인정받아 왔다. 교육의 법적 책임을 주 정부가 지고 있는 미국은, 1852년

으로 변해 왔다. 이러한 변화는 교육적 논리에서라기보다 양 집단 사이의 정치적 힘의 차이를 해결하는 방식으로 이루어진 것으로 보인다(김재웅, 2001).

6) 실제로 이런 부모들은 의무취학법 아래에서도 아이를 학교에 보내지 않고 홈스쿨링을 하기도 했다. 정부 주도의 학교교육을 거부하는 이런 홈스쿨링 운동은 지금까지도 계속 확산되고 있으며, 미국뿐만 아니라 전 세계적인 경향으로 발견되고 있다. 우리나라는 최근 들어 대안교육과 함께 이에 대한 사회적 관심이 증가하고 있다(김재웅, 2001).

매사추세츠 주에서 의무취학법이 처음 통과된 이후, 1900년경에는 전체 주의 3분의 2가 이 법을 갖게 되었고, 1918년 미시시피 주를 끝으로 모든 주가 실시하게 된다(Katz, 1976). 결코 순탄하지만은 않았던 미국의 의무취학제도가 형성, 발전되어 온 과정은 매우 흥미롭다.

공동학교 개혁운동이 성공하여 공립학교 중심의 공교육제도가 성립되고, 무상으로 학교교육을 실시하게 되었다고 해서 학령기 아동이 의무적으로 취학해야 하는 것은 아니었다. 무상교육과 의무취학은 항상 일치하는 것이 아니기 때문이다. 의무취학법을 제정해 시행하면, 국가는 모든 학령기 아동이 일정 수준으로 교육받을 수 있도록 조건을 정비할 의무가 있고, 학부모는 아동을 학교에 취학시킬 의무를 지게 된다.

미국의 경우 별도의 규정이 없는 사항은 주의 책임이 된다는 헌법 규정에 따라 개별 주가 교육에 대한 정책을 수립하고 운영해 왔다. 1852년에 매사추세츠 주에서 최초로 의무교육법이 통과되었다. 이 법에 의하면 거주지에 공립학교가 있는 경우 일 년에 12주는 취학하고, 그 가운데 적어도 6주는 연속적으로 취학하도록 되어 있었다. 지금의 기준에 비추어 볼 때 강제의 정도가 그리 심하지 않은 것을 알 수 있다. 그 후 미국의 주들은 하나의 유행처럼 의무취학법을 통과시켜 나갔다. 1864년에 워싱턴D.C.가, 1867년에 버몬트 주가 이어서 의무취학법을 통과시켰고, 1890년까지 27개 주가, 1900년까지 6개 주가 추가적으로 통과시켰다. 남부의 주들은 법 제정 시기가 북부의 주들에 비해 다소 늦었다. 1905년에 테네시 주가, 1907년에 노스캐롤라이나 주가 통과시켰고, 1918년에 미시시피 주를 끝으로 미국의 모든 주가 의무취학법을 제정하게 되었다.

의무취학법은 대체로 최소 취학 기간, 무단결석에 대한 제재와 근거,

면제 조항 등을 규정했는데, 그 내용은 주별로 다양했다. 예컨대 1897년에 의무취학 기간이 7년부터 16년까지 걸쳐 있었고, 1주 결석을 무단결석으로 간주하는 주가 있는가 하면, 4개월 결석을 무단결석으로 간주하는 주도 있었다. 거의 모든 주에서 육체적·정신적 질병으로 인한 결석은 예외로 인정했다. 그리고 대체로 학교 밖에서 이루어지는 교육 가운데 학교 수업의 과목, 기간, 질 등에서 '동등한equivalent' 교육을 인정하면서 '동등성'의 증거로 시험을 요구하는 주도 있었으나, 대부분 개념이 모호하여 문제의 소지가 있었다.

그러나 1800년대 후반까지 의무취학법은 강제로 집행되지 못하고 사문화된 상태에 있었다. 이것은 일부 주의 경우 아이들을 수용할 만큼 공립학교가 충분히 설립되지 않았기 때문이기도 하지만, 실제로 이러한 규정을 어기는 학부모를 처벌할 만한 수단도 없었기 때문이다. 교육감의 정책 집행 의지가 약하고 집행 수단이 부족하며, 대상자들이 자발적으로 정책에 순응하지 않은 상황에서(Coombs, 1980) 초기의 의무취학법이 성공적으로 집행되지 못한 것은 당연하다고 하겠다.

의무취학법이 어느 정도 실효성을 띠기 시작한 것은 자발적 출석률이 높아지고, 공립학교에 대한 투자가 획기적으로 증가하기 시작한 1900년대부터이다. 특히 교육청에 무단결석자 담당 공무원이 별도로 채용되고, 학령기 아동의 노동을 금지하는 법률이 제정되면서 힘을 받게 되었다. 실제로 1900년경 남부 지역 노동자의 30%가 16세 이하의 아동이었으며, 그 가운데 57.5%가 10~13세였다는 사실을 고려할 때(Alexander & Alexander, 2009), 의무취학법은 아동노동법과 함께 아동을 일터에서 학교로 보내는 데 성공했다고 할 수 있다. 이러한 가운데 1920년경에는 연간 의무취학 일수 증가, 의무취학 점검 공무원 채용, 학교 통계조사 의무화, 예외 조항 제거 등 일부 조항이 수정되면서 의무취학법이 강화된다(Katz, 1976; Kotin & Aikman, 1980). 1920년대 이후 학교가 보편화되면서 의무취학법은 사회적으로 자연스럽게 제도화되기에 이른다.

이렇듯 의무취학제도는 사회적 차원에서는 사회 전체를 보호하고 필요한 인력을 양성하며 사회 평등을 실현할 수 있다는 점에서, 개인적 차원에서는 취업과 출세에 도움이 된다는 점에서 정당화되었다. 의무취학법에 따라 다양한 국가에서 온 이민자의 자녀들, 거리의 아이들, 공장의 아이들이 학교로 들어오게 되었고, 학교는 이들에게 영어와 미국의 핵심 가치를 주입하면서 미국화에 힘을 기울였다. 의무취학제도의 성공적인 정착은, 학교가 사회적 차원에서 이민자, 도시화, 범죄 등의 문제를 해결하고 사회 통합 기능을 수행해 달라는 사회적 기대에 적극적으로 부응했고, 개인적 차원에서 학교에 다녀야 취직도 하고 출세도 할 수 있다는 것을 깨달은 학생들이 이제는 강제하지 않아도 자발적으로 학교에 찾아왔기 때문이라고 할 수 있다(김신일, 2000; Katz, 1976).

3 의무취학제도와 홈스쿨링

위에서 살펴보았듯이, 19세기 중반 들어 공적 재정으로 지역마다 공동학교가 설립되고, 1918년에 이르러 모든 주에서 의무취학법이 통과됨에 따라 학령기에 속한 모든 아이들이 학교에 다니게 되었다. 이러한 과정에서 20세기 중반까지는 의무취학법에 대한 사회적 저항이 거의 없었고, 홈스쿨링에 대해서도 일부 주에서 법률적으로 처벌하기는 했으나 사회적 문제로 떠오르지는 않았다. 그러나 1970년대 이후 의무 공교육제도에 대한 비판이 거세어지는 한편, 홈스쿨링이 증가하면서 의무취학법과 홈스쿨링의 관계를 두고 법률적·학문적 논쟁이 뜨겁게 달아오르기 시작했다. 그 결과 1993년에 홈스쿨링은 미국의 모든 주에서 합법화된다. 여기에서는 홈스쿨링의 합법화에 깔려 있는 쟁점과 의미를 철학적·논리적 측면과 경험적 측면으로 나누어 살펴보고자 한다.

철학적·논리적 측면

의무취학법과 홈스쿨링의 관계에 관한 철학적·논리적 논의는 아동교육의 내용과 방법에 대한 주도권이 국가에 있는가 아니면 학부모에게 있는가와 관련이 있다. 의무취학법이 통과될 당시 국가가 아동교육에 관심을 갖는 것은 당연하며, 따라서 국가가 공적 지원과 통제에 의한 공교육제도를 확립하여 학령기에 있는 모든 아동을 의무적으로 학교에 다니게 하는 것은 사회 평등, 사회 통합, 기초 능력 함양을 통한 경제 능력 제공이라는 공공선을 위해 정당화될 수 있었다.[7] 지역 세력과 다양한 종교 집단으로부터의 저항이 있었음에도 공동학교 개혁운동이 성공할 수 있었던 것도, 이것이 표방했던 공립학교의 '위대한 형평자'로서의 역할이 사회적 공감대를 얻었기 때문이다. 의무취학제도는 다양한 국가

---

7) 사회 평등, 사회 통합, 경제 능력 함양 등의 의무취학의 근거 가운데 최근 들어서는 기초학력, 학업 성취, 경제 능력 함양 등이 가장 중시되는 경향이 있다. 이에 따라 홈스쿨링 합법화 초기와는 달리 최근에는 학교에 다니고 있는 것과 '동등한' 교육의 상관관계에 대한 증거로 사회화보다는 학업 성취가 더 중요하게 간주되고 있다.

로부터 쏟아져 들어왔던 이민자 자녀들의 미국화, 도시 범죄와 무질서, 산업화로 인한 아동의 노동 착취 등의 문제를 해결하기 위한 장치로서 사회적 신뢰를 얻었던 것이 사실이다. 또한 언젠가는 부모로부터 독립해야 하는 아동이 경제적인 삶을 꾸려 갈 수 있도록 읽기, 쓰기, 산수를 비롯한 기초학력을 갖출 필요가 있다는 점에서도 그 당위성을 인정받았다. 이와 같은 사회적 공공선을 추구하는 공교육제도는 이러한 일을 무시하거나 등한시하는 학부모에 대해 국가가 개입할 수 있는 근거를 마련해야 한다는 취지에서 '무상교육'만으로는 부족하고 '의무취학'을 필요로 한다고 할 수 있다(Reich, 2002).

그러나 의무취학법을 반대하는 사람들은 학교에 다니지 않아도 살아가는 데 필요한 것을 가정이나 다른 곳에서 충분히 배울 수 있고 정직하고 성실한 시민으로 살아갈 수 있음에도 불구하고, 학교에 의무적으로 출석하도록 하는 것은 학부모의 자녀교육 선택권을 부당하게 제한하는 것이라고 주장한다. 아동교육에 대한 부모의 관심은 미국 헌법이 보장하는 자녀의 양육에 대한 권리에 따라 정당화된다. 특히 아동은 미성년자이기 때문에 아동을 보호하고 양육할 책임이 있는 부모가 아동의 교육권을 대리한다는 점에서 교육 방법과 내용을 선택할 수 있는 자유가 부모에게 있다고 할 수 있다. 이러한 점에서 보면 부모의 권리를 일부 제한하더라도 국가의 공공선과 아동의 복지를 보호하기 위하여 국가가 전적으로 아동교육을 책임져야 한다는 입장에 서 있는 의무취학법은 국가의 간섭으로부터 자유롭게 아동을 양육할 수 있는 부모의 권리와 부딪칠 수밖에 없다. 특히 국가의 아동교육에 대한 관심 가운데 시민교육을 통한 사회화 및 사회 통합이라는 목표는 부모의 가치관과 갈등할 소지가 있다. 의무취학제도가 세속적인 가치관을 아동들에게 주입하고 있다는 이유에서 홈스쿨링으로 보수적인 기독교 가치관을 자녀들에게 심어 주기를 원하는 부모의 경우가 이에 해당한다.

이러한 갈등은 미국 헌법의 제1 수정조항과 제14 수정조항과 밀접한 관련이 있다. 전자는 모든 시민이 사상을 '자유롭게 표현할 수 있는 자유free exercise'를 가지고 있음을 규정하고 있다. 여기에는 종교적 신념의 자유가 포함된다. 후자는 모든 시민은 '적법한 절차due process'에 의하지 않고서는 그 자유liberty에 대한 권리를 박탈당하지 않는다고 규정하고 있다. 여기에는 물론 부모가 자녀를 양육하고 교육시킬 자유가 포함된다. 미국에서 의무취학법에 대한 도전과 비판은, 바로 아동교육에 대한 국가의 관심과 양육에 대한 부모의 자유를 보장하고 있는 헌법의 제1 또는 제14 수정조항 사이의 갈등에서 비롯된 것이라고 할 수 있다.

라이크는 아동교육에 대한 국가와 부모의 관심이 대립적인 구도를 보이고 있음을 인정하면서 양자를 조화시킬 수 있는 가능성을 교육에 대한 '아동의 관심'에서 찾고 있다. 그는 교육의 주체로서 아동도 스스로의 권리가 있기 때문에 국가든 부모든 아동의 의지와 상관없이 특정 교육 형태나 가치관을 일방적으로 강요해서는 안 된다고 주장한다. 그에 의하면 아동이 아직 미성년자이기 때문에 스스로 교육권을 행사할 수가 없는 상태에 있으므로 국가 또는 부모가 대리인 역할을 수행하고 있을 뿐이라는 것이다.

따라서 아동은 자존감을 형성하고 노예적 성향 주입을 거부할 수 있는 '최소한의 자율성minimal autonomy'을 유지할 수 있어야 한다. 이러한 점에서 라이크는 홈스쿨링이 학업 성취, 융통성 등의 측면에서 기존 학교보다 우월한 것은 사실이나 국가와 아동의 관심을 충족시키지 못할 수도 있으므로 국가, 부모, 아동 삼자의 관심이 균형을 이루는 방식으로 홈스쿨링을 규제할 필요가 있다고 주장한다. 예컨대 홈스쿨링에서 생계 유지를 위한 기초 능력을 개발시켜 주지 못하거나 최소한의 자율성을 지켜 주지 못하는 경우에는 국가가 홈스쿨링을 금지할 수 있어야 한다는 것이다. 즉 그는 자녀교육에 대한 부모의 권리는 무한하지 않고 국가와 아동의 관심을 벗어나지 않는 범위 안에서 한계를 지닌다고 보았다. 특히 다문화 교육의 관점에서 아동이 부모의 가치관과 다른 가치관에 노출되도록 하는 것이 매우 중요하다고 하면서 이를 위한 비판적 성찰이 허용되어야 한다고 보았다. 결론적으로 그는 홈스쿨링은 허용되어야 하나, 아동교육에 대한 국가, 부모, 아동의 관심이 조화를 이루기 위해서는 다음과 같은 정도의 규제가 필요하다고 주장한다(Reich, 2002: 168).

첫째, 홈스쿨링 부모는 홈스쿨링 사실을 지역 교육청에 반드시 보고하도록 한다. 이는 홈스쿨링에 대한 정부 차원의 자료 수집과 관련하여 매우 중요하다.

둘째, 홈스쿨링을 통하여 국가와 아동의 관심이 충족되고 있는지 확인할 수 있어야 한다. 표준화 검사는 하나의 지표로 활용될 수 있다.

셋째, 홈스쿨링 부모는 자신의 가치관만을 주입하고 있는지, 아니면 다문화 교육을 실시하고 있는지 보여주어야 한다. 이를 위하여 홈스쿨링에서 사용하는 교과과정을 교육청에 제출하도록 할 필요가 있다. 아니면 교육청이 고시한 교과과정을 따르도록 하거나 다문화 교육 관련 공립학교 활동에 참여하도록 하여야 한다.

넷째, 주기적으로 학업 성취도 검사에 참여하고 그 결과를 보고하도록 하여야 한다.

라이크는 미국의 홈스쿨링 관련 법률을 살펴본 결과 교육청에 홈스쿨링 사실 자체를 보고하지 않아도 되는 10개 주의 경우 분명 문제가 있다고 보면서, 강한 규제를 하고 있는 뉴욕이나 펜실베이니아 주의 수준을 넘어서 다문화 교육에 대한 조항까지도 포함시켜야 한다고 주장한다. 그러나 홈스쿨링 옹호자들은 라이크의 이러한 주장을 어느 정도 공감하면서도 여전히 아동교육에 대한 부모의 권리가 국가의 권리에 우선한다고 믿고 있으며, 학교도 일정 수준의 학업 성취도 달성에 여전히 실패하고 있고, 국가나 교사의 가치관을 일방적으로 주입할 가능성이 있다는 점에서 아동의 최소한의 자율성이 존중되지 못할 수 있다는 점을 지적한다(Glanzer, 2008; Klicka, 1995; Ray, 2000).

위에서 살펴보았듯이, 아동교육에 대한 국가의 관심을 강조하면 의무취학법의 정당성이 힘을 받고, 부모의 관심을 강조하면 홈스쿨링의 정당성이 힘을 받는다. 양자의 입장 모두 나름대로 탄탄한 철학적·논리적 논거를 지니고 있어서 어느 한편의 일방적인 승리로 끝날 수 있는 문제는 아닌 듯하다. 따라서 구체적인 홈스쿨링의 실천 과정에서 정치적 타협이 중요할 수밖에 없고, 홈스쿨링의 합법화를 위한 정책 결정과 관련하여 의무취학제도와 홈스쿨링의 관계에 대한 경험적 측면에서의 분석이 도움을 줄 수 있을 것이다.

경험적 측면

아동교육에 대한 국가의 관심과 학부모의 관심이 철학적·논리적 측면에서 첨예하게 대립하고 있는 것과 달리, 홈스쿨링 실천에 대한 경험적 측면의 분석에서는 비교적 홈스쿨링에 대해 우호적인 경향을 보이고 있다. 특히 의무취학제도의 목표 가운데 사회 평등, 사회 통합 또는 사회화보다 기초학력, 학업 성취, 경제 능력 함양 등이 더 중요하게 간주되면서 홈스쿨링이 의무취학제도의 목표를 달성하는 데 기여하고 있다는 사실에 사회적 공감대가 형성되고 있는 것으로 보인다. 이러한 관점의 변화는 홈스쿨링이 합법화되는 데 영향을 미쳤을 것이다.

그러나 모든 사람들이 홈스쿨링 운동 초기부터 그 효과를 긍정하지는 않았다. 미국 초등학교교장연합회(NAESP, 1987), 미국의 교원 노조인 전국교육연합(NEA, 1991) 등은 공식적으로 홈스쿨링에 반대하는 강령 또는 성명을 발표하기도 했다. 이렇듯 홈스쿨러들은 교육행정가 집단, 교사 집단, 일반인들로부터 집안에만 갇혀 지낸다는 이유로 사회화에 문제가 있고, 심지어 '반사회적인 존재'라는 비난을 받기도 했다.

그러나 3장에서 살펴보았듯이, 연구 결과에 의하면 홈스쿨러들은 스카우트, 현장 방문, 댄스 교실, 4-H, 스포츠, 음악, 선교, 주일학교, 자원봉사 등 가정 밖의 활동에 적극적으로 참여하고 있고, 자존감도 높은 편이며, 청소년들의 문제 행동도 적은 편이다(Gathercole, 2007; Medlin, 2000; Ray, 2008; Ray & Wartes, 1991). 오히려 홈스쿨러들은 일반학교가 학교 폭력, 기물 파괴, 교사의 아동 학대, 마약, 임신, 시험 커닝 등 비도덕적 행위들 때문에 학생들의 사회성 발달에 문제가 많다고 우려한다.

한편, 홈스쿨러들은 학업 성취 면에서는 사회화 측면에 비해 상대적으로 비판을 덜 받았다. 홈스쿨러들이 미국 전국 표준화 학력검사와 대학 진학 자료인 ACT와 SAT에서 공립학교 학생들에 비해 더 높은 위치에 놓여 있으며, 이들의 학업 성취는 학부모의 학력 수준과 상관없이 비슷한 것으로 보고되고 있다. 이러한 결과 홈스쿨링 학생들은 공립학교 학생들 못지않게 좋은 대학에 진학하고 있다(HSLDA, 2004; Ray, 1997; Ray & Wartes, 1991; Rudner, 1999).

끝으로, 의무취학제도가 추구하는 하나의 목표인 사회 평등의 실현에 홈스쿨링이 이바지하고 있는지 경험적으로 검증하기란 쉽지 않은 일이다. 다만 홈스쿨링에 참여하는 가정의 사회경제적 배경, 인종 등의 비율을 참고로 유추할 수 있을 뿐이다. 워싱턴, 유타, 네바다 주를 대상으로 실시한 한 연구에 의하면, 홈스쿨링 부모의 학력은 일반 가정보다 다소 높게 나타났다(Mayberry 등, 1995). 홈스쿨링을 효과적으로 운영하려면 적어도 부모 가운데 한 사람은 자녀의 교육을 전적으로 담당할 수 있어야 한다. 인종별로 보면 2007년도에 홈스쿨링에 참여하는 학생들 가운데 백인이 차지하는 비율은 76.8%로, 홈스쿨러 네 명 중 세 명은 백인이었다. 전체 백인 학생 가운데 홈스쿨링에 참여하는 비율은 3.9%인 반면에 흑인 학생은 0.8%, 히스패닉 학생은 1.5%에 불과했다(Planty 등, 2009). 또 대체로 부모가 고학력이고, 전업 가정주부가 자녀교육을 맡고 있으며, 아버지의 경우는 비교적 시간 사용이 자유로운 전문직인 경우가 많다. 요컨대 미국의 경우 홈스쿨링은 백인 중산층을 중심으로 이루어진다고 할 수 있어, 사회 평등의 관점에서 볼 때 긍정적인 평가를 내리기는 쉽지 않을 것으로 생각된다.

그럼에도 미국의 모든 주에서 합법적으로 홈스쿨링을 실시할 수 있게 된 것은 아이들이 사회적으로 문제없이 잘 성장하고, 일정 수준 이상의 학업 성취를 보여 대학 진학과 취업에도 성공함으로써 일반 대중의 신뢰를 얻는 데 성공했고, 적대적이었던 언론이 우호적으로 바뀌었기 때문이라고 할 수 있다. 실제로 1985년도 갤럽 조사에서 70%의 미국인이 홈스쿨링이 합법적이면 안 된다고 생각했으나, 10년 뒤에 실시된 갤럽에서는 70%의 미국인이 홈스쿨링이 하나의 대안적인 교육 형태라고 믿고 있었다(Gaither, 2008a).

우리나라는 아직 홈스쿨링을 합법적인 교육 형태로 인정하지 않는다. 학교에 대한 학부모의 불만과 비판의 목소리가 점점 더 커지고, 자녀교육에 가정의 가치를 소중하게 여기는 새로운 문화적 흐름이 떠오르고 있으며, 학교와 교육의 개념 구분과 함께 의무취학을 의무교육의 한 방법으로 이해하게 되면서 홈스쿨링 합법화에 대한 사회적 논의가 최근 들어 시작되고 있다. 합법화가 이루어지려면, 미국에서 이미 거친 것처럼, 앞으로 의무취학제도에서 홈스쿨링이 지니고 있는 논리적·철학적 측면과 경험적 측면의 논쟁이 본격적으로 일어나야 할 것이다.

5 장

홈스쿨링 운동의 주요 인물과 단체

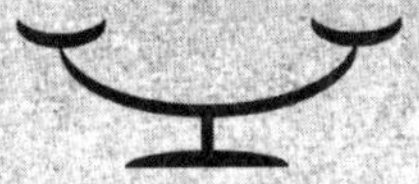

미국에서 홈스쿨링은 존 홀트와 무어 부부 같은 걸출한 선구자들이 있었기에 사회적 운동으로 성공할 수 있었다. 아울러 기독교자유아카데미학교연맹, 홈스쿨변호협회, 전국홈스쿨연합 등 홈스쿨링 단체들의 조직적인 활동으로 말미암아 활성화될 수 있었다. 기독교 우파 계열과 반문화적 좌파 계열의 단체들은 서로 경쟁하고 갈등하면서 미국의 홈스쿨링 운동을 활성화하는 데 기여해 왔다고 할 수 있다.

1 홈스쿨링 운동의 주요 인물

사회운동에서 특별한 지도자들의 영향력은 무시할 수 없다. 미국의 홈스쿨링 운동도 마찬가지이다. 여기에서는 홈스쿨링 운동을 주도하지는 않았지만 국민적 관심사로 떠오르게 하는 데 큰 영향을 끼친 유타 주의 농부 존 싱거, 반문화적 좌파 계열 홈스쿨링의 이론적 실천적 지도자였던 존 홀트, 보수적인 기독교 우파 계열의 홈스쿨링에 불을 지핀 무어 부부의 삶을 조명한다.

존 싱거

존 싱거John Singer는 미국의 홈스쿨링 운동과 관련하여 자주 거론되는 인물이다. 그는 홈스쿨링 관련 이론가도 아니고 사회적인 운동가도 아니었다. 단지 자녀들을 학교에 보내지 않고 홈스쿨링하고 있던 유타 주의 한 농부에 불과했다. 그가 유명해진 것은 1979년 1월 18일, 자기 집 앞에서 경찰관의 총에 맞아 숨졌기 때문이다. 이것은 싱거가 자기 아이들을 공립학교에서 빼내 집에서 아내와 함께 가르치기 시작한 지 6년만의 일이다.

싱거는 모르몬교 신자로서 학교에서 가르치는 교과서의 내용이 자기의 종교적 신념과 일치하지 않는다는 이유로 아이들을 학교에 보내지 않기 시작했다. 이러한 그에게 교육청에서는 유타 주의 의무취학법 사본과 공문을 보내 그것은 위법이므로 아이들을 학교에 다시 보내든지 교육위원회의 특별한 허락을 받아 집에서 가르치든지 할 것을 종용했다. (여기에서 교육위원회의 특별한 허락을 받으면, 학습 내용과 시간을 교육청에서 지시한 대로 따라야 하고, 정기적으로 감독을 받도록 되어 있다.) 교육청의 요청에 따르지 않으면 법원에 고발할 수밖에 없다는 내용도 덧붙였다. 그러나 교육청의 서한을 무시하고 그는 자기의 종교적 신념에 따라 아이들을 집에서 가르칠 것이며 절대로 학교에 보내지는 않을 것이라는 내용의 답장을 보냈다.

여기에서 반드시 짚고 넘어가야 할 것은 싱거가 이런 사고를 당한 것은 의무취학법을 어기면서 아이들을 집에서 가르쳤기 때문만은 아니란 점이다. 그의 삶을 조망해 보면 권위에 대한 본능적인 저항의 피가 몸속에 흐르고 있음을 알 수 있다. 싱거는 1931년 1월 미국 뉴욕에서 태어났는데 독일에서 이민을 온 가정이었다. 그러나 히틀러의 추종자였던 그의 아버지가 나치 운동에 가담하기 위해 1932년에 독일로 돌아감에 따라 어린 시절을 독일에서 보내게 된다. 그는 소년 시절 아버지의 강요로 '히틀러의 아이들Hitler Youth' 프로그램에 참여했고, SS(Schutz Staffeln) 학교에 들어가게 됐다. 그러나 거기에서 요구하는 지시에 반발하던 그는 학교로부터 퇴교를 당한다. 권위주의에 대한 그의 증오와 반발은 이미 그때부터 시작되었다고 할 수 있다. 모르몬교의 가르침에 따라 아이들을 양육하기 원했던 그의 어머니는 이를 싫어하는 아버지와 결국 이혼했고, 1945년에 싱거는 어머니를 따라 다시 미국으로 이주했다.

싱거는 1964년에 종교적 신념이 같은 비키 레몬Vickie Lemon과 결혼해 일곱 명의 아이를 계속해서 낳았고, 유타 주 마리온의 한 농장에서 생활을 했다. 공교육체제에 불만이 많았던 그는 자녀들을 비도덕적인 세속적 영향으로부터 보호하고 종교적 가치를 가르치기 위해 아이들을 학교에 보내지 않기 시작했다. 이 일로 체포되었으나, 유타 주의 법원은 자녀들이 일 년에 두 번 시험을 치르고 매년 가정방문을 통하여 심리 평가를 받는다는 조건으로 홈스쿨링을 허용한다는 판결을 내렸다. 싱거는 이러한 제안에 처음에는 따랐지만, 정부의 간섭이 과도하다고 생각하고는 결국 이 모든 것을 거부하면서 자녀들에게 홈스쿨링을 실시했다.

한편, 1978년 싱거는 네 명의 자녀가 딸린 유부녀인 셜리 블랙Shirley Black과 복수 결혼하고, 기존 가족과 함께 대가족을 이루게 된다. 이에 대해 셜리 블랙의 전남편은 자녀 보호를 신청했고 법원은 아이들을 아버지에게 보내라고 명령했다. 그러나 싱거는 불복했고, 결국 아이들을 데려오기 위해 경찰들이 그의 가정을 포위하면서 압박을 가했다. 싱거 가정은 집안에 바리케이드를 치고, 식량과 무기 및 탄약을 준비하면서 대치했다. 약 3개월간의 대치 끝에 일 처리를 위해 집 밖에 나온 싱거가 경찰들과 마주쳤다. 그는 무기를 버리고 투항하라는 명령에 불복하고 경찰들에게 총을 겨누며 도망치다가 등에 총을 맞고 죽었다.

위에서 살펴보았듯이, 싱거가 죽은 것은 홈스쿨링이 직접적인 원인은 아니다. 그러나 홈스쿨링을 하던 그의 죽음은 유타 주뿐만 아니라 미국 전역에서 의무교육과 의무취학의 개념을 다시 한 번 생각하게 하는 데 크게 기여했고, 실제로 그 이후 많은 주에서 홈스쿨링을 합법적인 교육의 한 형태로 인정하게 된다(김재웅, 1999; Fleisher & Freeman, 1983; Gaither, 2008a).

존 홀트

반문화적 좌파 계열 홈스쿨링 운동의 이론가이면서 실천가로서 널리 알려진 존 홀트John Holt는 처음부터 홈스쿨링에 관심이 있었던 것은 아니다. 1943년도에 예일대학을 졸업한 후 그는 약 3년간 태평양함대에서 장교로 복무하기도 했으나, 원자폭탄의 위력에 절망하는 동시에 분개하면서 세계평화운동에 헌신했다. 6년간의 봉사 끝에 일에 지친 그는 1952년도에 약 일 년간 자전거를 타고 유럽 전역을 여행한다. 여행을 마치고 미국에 돌아온 그는 누이의 아이들과 함께 지내는 일에 흠뻑 빠졌다. 이를 보고 누이는 육체노동을 중시하는 자유학교인 콜로라도 록키산맥 학교를 방문해 볼 것을 권면했고, 그는 거기서 약 4년간 교사로 일을 했다. 그후 홀트는 매사추세츠의 캠브리지에 있는 한 명문 사립학교에서 교편을 잡았는데, 여기서의 경험을 바탕으로 본격적인 공교육 비판과 함께 아이들을 자유롭게 키우는 일에 이론적·실천적 관심을 갖게 된다. 이때 만난 지적인 동지인 빌 헐Bill Hull과의 7년간 교류는 홀트의 저술 작업에 영감을 불어넣었다(Gaither, 2008a).

평생 독신으로 지내면서 홀트는 많은 저서를 남기고 각종 잡지에 기고했다. 또 전국을 다니며 강연하면서 홈스쿨링의 이론가이자 실천가로서 이름을 떨쳤다. 그의 대표적인 저서의 내용과 의의를 간단히 소개하면 다음과 같다.

- 『아이들은 어떻게 실패하는가*How Children Fail*』(1964): 홀트의 첫 저서로 1964년도에 빛을 보기까지 몇몇 출판사로부터 출판을 거절당하기도 했다. 그러나 출간되자마자 베스트셀러가 되었고, 홀트는 유명 인사

가 되었다. 이 책은 홀트가 교사로서 교실에서 실제로 겪은 예화를 중심으로 내용을 전개하고 있다. 핵심 주장은 의무취학제도가 아동의 타고난 호기심을 박탈하고 있으며, 아동은 교사에게 칭찬받지 못할까 하는 두려운 마음으로 가득 차 있다는 것이다. 그에 의하면 학교에서 아동은 풍부한 교과의 내용을 배우는 게 아니라 시험에 통과하여 윗사람을 기쁘게 하기 위한 기술을 익히고 있을 뿐이다.

- 『아동은 어떻게 배우는가 *How Children Learn*』(1967): 홀트는 다시 한 번 정규학교를 신랄하게 비판함과 동시에 아동이 가정에서 받는 자연스러운 교육에 찬사를 보낸다. 그는 두려움에 가득 차 시험에 미쳐 돌아가지만 의무적으로 참여해야 하는 학교와, 자연스러우면서도 안전하고 사랑이 있는 가정을 아주 쉬운 언어로 설득력 있게 비교하며 서술했다. 특히 자기 학급의 관찰 내용을 토대로 작성된 글은 많은 학부모들의 공감을 불러일으켰고, 150만 부 이상 팔리면서 그를 일약 교육 분야의 베스트셀러 작가의 반열에 올려놓게 된다.

- 『자유를 넘어 *Freedom and Beyond*』(1972): 홀트는 아동이 놓여 있는 학교를 넘어 더 넓은 사회적 맥락에서 아동교육을 바라보기 시작한다. 그는 학교가 현대사회의 병폐인 인종주의, 계급주의, 그리고 모든 것이 경제적 가치로 환원되는 물질주의에 대해 대안을 제시하기는커녕 이러한 흐름을 재생산하는 도구로 활용되고 있다고 비판했다. 그러면서 그는, 일리치가 『탈학교 사회 *Deschooling Society*』(1971)에서 말하고 있는 내용에 공감하면서, 아동을 학교로부터 빼낼 필요가 있다고 주장했다.

- 『아동기로부터의 탈출 *Escape from Childhood*』(1974): 그는 11개의 아동 기본권을 보장해야 한다고 주장했다. 그 기본권에는 돈을 벌 수 있는 권리,

소송하고 소송당할 수 있는 권리, 자신의 보호자를 선택할 수 있는
권리, 투표할 수 있는 권리, 여행할 수 있는 권리, 자기가 배우고 싶은
것은 모두 배울 수 있는 권리 등을 포함한다.

- 『교육을 대신하여: 사람들로 하여금 일을 더 잘할 수 있도록 돕는 법
  Instead of Education: Ways to Help People Do Things Better』(1976): 이 책에서 그는 정규 학교
  교육을 부정하고 전적으로 새로운 교육체제를 그리고 있다. 그의 대
  안교육체제는 자발적 학습센터, 모든 연령대의 사람들이 서로 배우
  는 호환 학습 환경, 개인들 간의 비공식적인 교육 네트워크 등을 포
  함한다. 그는 아동들이 학교에 포로로 갇혀 있다고 믿었으며 그들을
  구원하기 위한 모든 수단을 동원해야 한다고 주장했다. 이때부터 그
  는 아동의 자유에 대한 낭만적 사상가로부터 학교제도 자체를 부인
  하는 극단적 이론가요 실천가로 변모했다고 할 수 있다. 이에 따라 초
  기 저서의 내용에 열광했던 많은 독자들이 떨어져 나갔지만, 1970년
  대와 1980년대의 홈스쿨링 운동에 참여한 코뮨 중심의 새로운 사회
  를 꿈꾸는 사람들, 귀농 생활자들, 정치적 아웃사이더들 등 반문화
  적 좌파 계열의 호응을 받게 된다(Gaither, 2008a).

- 『당신 스스로 가르치세요 *Teach Your Own*』(1981): 이 시기에 홀트는 몇몇 홈
  스쿨링 가정들이 지역 교육청과 싸운 경험을 들었고, 이를 돕기 위
  한 방법 가운데 하나로 1977년도에 『학교 없이 성장하기 *Growing Without
  Schooling, GWS*』라는 정기간행물을 발간하고 전국적으로 배포하기 시작
  했다. 이 잡지는 그동안 홀로 외롭게 자녀를 교육하고 교육청과 투쟁
  해야 했던 많은 홈스쿨링 가정들이 정보를 공유하는 장의 역할을 수
  행하기도 하고 필요시 정치적인 힘을 모으는 데 도움을 주기도 했다.

1978년 홀트는 당시 유명 라디오 프로그램인 도나휴Donahue에 출연함으로써 홈스쿨링을 국가적 아젠다로 만드는 데 기여하기도 했다. 운동가로서 그리고 이론가로서 홀트는 명실공히 홈스쿨링 운동의 지도자 위치에서 여생을 홈스쿨링 운동에 헌신했다. 종교와는 전혀 관계를 맺지 않은 홀트의 사상과 운동은 반문화적 좌파의 성격이 짙은 것은 사실이나, 기독교 우파 계열의 홈스쿨링 운동이 조직적으로 이루어지기 전에 홀트의 『학교 없이 성장하기』는 많은 기독교 홈스쿨링 가정도 구독할 정도로 초기 홈스쿨링 역사에서 그 영향력이 매우 컸다고 할 수 있다.[1]

무어 부부

제7일안식일예수재림교Seventh Day Adventists 신자인 무어 부부Raymond and Dorothy Moore는[2] 1970년대 중반 이후 홀트와 함께 미국 홈스

---

1) 홀트가 죽고 보수적인 기독교 홈스쿨링 단체와 간행물이 활성화되면서 기독교 우파 계열과 반문화적 좌파 계열의 홈스쿨링 운동은 사상적 기반의 차이로 말미암아 약간의 갈등을 빚으면서 각자의 길을 모색하게 된다. 그러나 흥미롭게도 최근 들어 사이버 차터스쿨의 등장과 함께 홈스쿨링 운동의 양 진영은 공동의 적을 함께 대처하기 위해 협력하는 모습을 보이고 있다(8장 참조).

2) 사실 이들은 제7일안식일예수재림교 가정에서 태어나지는 않았다. 레이몬드 무어는 신실한 침례교 가정에서, 그리고 도로시 무어는 감리교 가정에서 태어났다. 레이몬드는 세 살 때 어머니가 죽으면서 아버지가 제7일안식일예수재림교로 개종함에 따라 그 교단에서 양육을 받았고, 도로시는 교단에서 운영하는 대학에 들어간 이후 개종을 했다. 1938년에 결혼한 이들은 둘 다 교육학을 전공했고, 대학 졸업 후 교사 생활도 잠간 했다. 레이몬드는 제2차 세계대전에 장교로 참전하여 소령까지 진급했다. 종전 후 남부캘리포니아 대학교에서 발달심리학으로 박사 학위를 취득했고, 제7일안식일예수재림교 본부에서 중요 직책을 맡기도 했다. 이 시기에 도로시는 9명의 자녀(7명의 입양아 포

쿨링의 세계에서 가장 널리 알려진 사람들이다. 이들의 영향력은 그들이 속한 교단을 넘어서 기독교 전반, 더 나아가 미국 사회 전반에까지 미쳤다. 그러나 흥미롭게도 뒤에 소개되는 홈스쿨변호협회가 보수적 기독교 홈스쿨링 운동의 대표 주자로 자리를 잡으면서 기독교 내 소수 종파라고 할 수 있는 제7일안식일예수재림교 출신인 무어 부부는 변방으로 밀려나고 결국은 그 영향력도 종말을 고하게 된다.

그러나 무어 부부가 처음부터 이론적으로 또는 실천적으로 홈스쿨링에 관심이 있어서 운동에 참여한 것은 아니다. 이들은 처음에 제7일안식일예수재림교의 창시자인 엘렌 화이트Ellen White의 사상에 영향을 받았다. 엘렌 화이트는 1915년 사망할 때까지 약 70년간 제7일안식일예수재림교를 이끌면서 가정의 중요성에 대한 신학적 논증을 펴 나갔다. 그녀에 의하면, 가정은 하나님이 선택한 가장 위대한 교육기관이다. 따라서 자녀교육은 부모가(특히 어머니가) 책임을 지고 가정에서 시작하는 것이 마땅하며, 자녀는 일생 동안 자신이 살아가는 데 필요한 기본적인 것들을 가정교육에서 배운다는 것이다. 그녀의 사상은 이후에 진행되는 다양한 기독교 계파의 홈스쿨링 운동에 영향을 미쳤다.

무어 부부는 엘렌 화이트의 사상에 기초하여 자녀를 양육할 때 가정의 중요성과 조기 취학이 어린이에게 미치는 폐해를 연구했다. 그러다가 1977년에 제임스 돕슨James Dobson이 진행하는 '가정에 초점을'이라는 인기 라디오 프로그램에 출연하면서부터 일반 청취자들의 열화와 같은 반응에 힘입어 주 관심을 홈스쿨링 쪽으로 완전히 바꾸게 된 것이다.

함)를 양육하면서 앤드류스 대학교에서 석사 학위를 취득했다.

특히 엘렌 화이트의 자녀 양육 사상에 영향을 받은 도로시 무어는 조기에 아이를 학교에 보내는 것이 좋지 않다고 믿고 자기 자녀들을 가정에서 직접 가르쳤다. 같은 맥락에서 레이몬드도 1961년 무어 연구소를 설립하여 제도적인 교육을 일찍 시작하는 것이 아동에게 해롭다는 경험적 증거를 확보하고자 노력했다. 1964년 연방 정부 교육부의 대학원 연구 프로그램 담당관으로 3년간 봉직하는 동안, 그는 의무취학 연령을 더 낮추려고 하는 전문가들과 헤드스타트Head Start를 포함하여 아이들에게 더 일찍 형식화된 교육 프로그램을 주입하고자 하는 사람들에게 환멸을 느끼게 된다.

철저한 연구 결과보다는 이데올로기에 의해 교육개혁의 방향이 결정되는 것을 보면서, 그는 교육부를 나와 조기 취학이 아동에게 미치는 영향에 대한 연구에 더욱더 박차를 가한다. 3천 편 이상의 관련 연구를 종합한 결과, 그는 8~10세까지는 아동이 정서적, 육체적, 정신적으로 공식 교육을 받을 준비가 되어 있지 않다고 주장했다. 이러한 연구 결과는 『파이델타카파판 Phi Delta Kappan』, 『하퍼스 Harper's』, 『리더스다이제스트 Reader's Digest』 등에 발표되었고, 독자들의 반응이 기대 이상으로 뜨거워지자 무어 부부는 『이른 것보다는 늦은 게 더 낫다 Better Late than Early』라는 저서를 1975년도에 발간했다. 이어서 1979년도에는 『학교가 기다릴 수 있다 School Can Wait』라는 두 번째 저서를 발간했다.

이즈음 무어 부부는 매스컴, 저술, 세미나 등을 통하여 미국 사회에서 제법 널리 알려진다. 의무취학법을 어겼다는 죄목으로 고통받는 홈스쿨링 가정을 변호하기 위해 정부와 법정에 서는 횟수도 증가했다. 이러한 경험을 통하여 무어 부부는 어린아이의 조기 취학에 대한 대안으로서의 홈스쿨링 정도가 아니라, 더 적극적인 아동교육 형태로서의 홈스쿨링을 생각하게 된다. 이러한 생각은 『가정에서 자란 아이들*Home Grown Kids*』(1981)과 『가정이 자아낸 학교*Home-Spun Schools*』(1982)라는 저서로 결실을 맺는다. 이 책들은 당시 기독교 계통의 홈스쿨링 가정뿐만 아니라 가족 가치를 중시하는 홈스쿨링 가정이라면 꼭 참고하는 책으로 명성을 떨쳤다. 이들 저서를 통하여 무어 부부는 학교가 아무리 좋다고 해도, 학교가 부모와 자식 간의 친밀함과 자녀교육에 대한 부모의 타고난 지식을 대체할 수는 없다고 주장하고 있다.

이러한 과정에서 레이몬드 무어가 도나휴, 오프라 윈프리 쇼, 투데이 쇼 등에 출연하는 한편, 도로시 무어는 무어 아카데미를 설립해 교과과정 개발 및 컨설팅을 전문으로 하면서, 무어 부부는 홈스쿨링 운동의 지도자로서 자리를 공고히 하게 된다. 이후에도 이들 부부는 자유방임식 교육과 가족 가치 중시 등을 토대로 하는 실천적 지침을 담은 책을 여러 권 출판했다.

위에서 살펴보았듯이, 홀트와 무어 부부는 처음에는 공교육에 대한 비판으로 시작했을 뿐, 홈스쿨링 자체에 직접적인 관심은 적었다. 이들이 홈스쿨링 운동의 지도자로 떠오르는 과정에서 적절한 시기에 매스미디어의 도움을 받았다는 사실을 부인할 수 없다. 아울러 독자들이 이해하기 쉬운 문체로 여러 권의 저서를 발간한 것, 특히 매뉴얼 성격의 실천적 안내서를 발간한 것도 이들이 홈스쿨링 운동의 지도자가 되는 데 기여했다(Gaither, 2008a). 다만 홀트는 주로 반문화적인 좌파 계열에, 무어 부부는 초기 홈스쿨링 운동에서 보수적인 기독교 우파 계열에 영향을 미쳤다는 것이 다르다고 할 수 있다.

2 홈스쿨링 운동의 주요 단체

미국에서 홈스쿨링 운동이 꽃을 피우는 과정에서 홀트와 무어 부부를 포함하여 개인들이 중요한 역할을 수행한 것은 사실이지만, 여러 관련 단체들이 없었더라면 하나의 사회운동으로 발전하는 데는 한계가 있었을 것이다. 홈스쿨링 관련 단체는 작게는 지역 단위에서, 크게는 주 단위 또는 전국 단위에서 조직의 목적과 규모에 따라 그 활동 규모가 다르다. 미국에는 홈스쿨링 관련 단체가 수없이 많지만, 그 가운데 중요한 역할을 수행해 왔다고 생각되는 세 단체, 즉 기독교자유아카데미학교연맹, 홈스쿨변호협회, 전국홈스쿨연합을 소개하고자 한다.

기독교자유아카데미학교연맹

기독교자유아카데미학교연맹(Christian Liberty Academy Satellite Schools, CLASS)은 규모가 큰 편은 아니지만, 초기에 보수적 기독교 우파 계열의 홈스쿨링 운동이 확산되는 데 핵심적인 역할을 했다는 점에서 그 의의가 자못 크다. 기독교자유아카데미학교연맹은 1967년에 교사였던 린드스트롬Lindstrom 목사가 일리노이 주 알링톤하이츠에서 기독교적 가치를 중심으로 하는 교과과정을 시행하기 위하여 설립한 일종의 통신학교이다. 그는 부모들에게 지역 교육청의 허락을 받든 말든 상관없이 그냥 자녀들을 학교에서 빼내 집에서 직접 가르치라고 말했다. 린드스트롬의 프로그램이 소문나기 시작하자, 많은 기독교 홈스쿨러들이 기독교자유아카데미학교연맹을 찾았다. 비용이 많이 들지 않으면서도 기독교적 세계관으로 구성된 교과과정을 자녀들에게 가르칠 수 있기 때문이었다. 연맹은 홈페이지에서 다음과 같이 자신들의 교육 목적을 제시하고 있다 (Philosophy of Christian Education, n.d.).

기독교 교육은 인간의 필요를 충족시키거나 잠재력을 계발하는 데 일차적인 목적이 있지 않다. 그것은 우선적으로 하나님의 더 큰 영광과 그리스도의 이름을 높이고 그의 나라를 건설함에 애쓰도록 하는 데 있다. 한마디로, 기독교 교육의 궁극적 목적은 하나님을 영화롭게 하고 영원히 그를 즐겁게 하는 데 있다. 이는 우리가 삶의 모든 영역과 부르심에서 그를 위해 일해야 함을 뜻한다. 이것은 학생이 하나님을 경외하고 그리스도를 믿음으로 그가 성경적으로 사고하고 행동할 때 가능하다. 이러한 이유로 기독교 교육은 하나님 중심이어야 한다.

주님을 두려워하는 것이 지혜의 시작이다. 주님을 두려워한다는 것은 그분이 말하는 것을 진지하게 받아들인다는 뜻이다. 하나님을 두려워하는 것으로 교육을 시작할 때, 학생은 배움의 기초로서 주님의 말씀과 율법에 나타난 하나님의 권위를 존중하게 된다.

모든 교과과정을 통하여 기독교자유아카데미학교연맹은 학부모로 하여금 자녀가 하나님의 관점을 이해하고 그분의 뜻을 분별하도록 지도할 수 있게 돕는다. 이를 위하여 자녀들은 하나님의 말씀에 대한 지식에서 자라야 하고, 그리스도의 마음을 배워야 한다. 그들은 성경적 진리에 따라 판단하고 일관성 있는 성경적 세계관을 계발해야 한다. …… 그들은 성경에 비추어 모든 일을 올바로 분별하고 판단할 수 있도록 교육되어야 한다.

기독교자유아카데미학교연맹이 출범한 후 약 십 년 동안, 이 프로그램을 활용하던 아홉 가정이 의무취학법 위반으로 법정에 서기도 했다. 이때 홈스쿨링 가정을 변호했던 법률가들은 후에 홈스쿨링 운동에 적극 동참하게 된다.[3] 기독교자유아카데미학교연맹은 아홉 개의 소송 중 일곱 개에서 승소했고, 언론을 통해 자연스럽게 홍보가 이루어졌다.

1983년도에 약 6천 명의 학생이 기독교자유아카데미학교연맹에 등록되어 있었는데, 1985년에는 그 숫자가 2만 1천 명으로 급증하여 미국 전역에서 가장 큰 통신학교로서 위상을 갖춘다. 학생 수는 계속 증가하여 1998년도에는 3만 5천 명으로 정점을 이루었고, 그 이후에는 감소 추세로 돌아서게 된다. 오늘날도 여전히 많은 기독교 홈스쿨러들이 찾고 있는 단체이기도 하면서, 기독교 계통의 다양한 단체의 출범과 활동에 많은 영향을 미쳤다는 점에서 더 큰 의의가 있다.

홈스쿨변호협회

홈스쿨변호협회(Home School Legal Defense Association, HSLDA)는 1983년도에 마이클 패리스Michael Farris와 마이크 스미스Mike Smith가 공동으로 설립한 비영리 단체로서 본부는 미국 워싱턴D.C.에서 약 90킬로미터 떨어진 거리에 있는 버지니아 주 퍼셀빌Purcellville에 있다. 자녀교육에 대한 학부모의 권리는 헌법과 하나님이 부여한 것으로 믿고 있는 이 조직은 홈스쿨링의 합법화 과정에 크게 기여했다. 홈스쿨변호협

---

3) 당시 기독교 홈스쿨링을 변호했던 대표적인 법률가들 가운데에는 후에 홈스쿨변호협회를 창립한 마이클 패리스도 포함되어 있다.

회는 전문 변호사를 통하여 홈스쿨링 가정이 겪는 법적 분쟁을 해결하고 있으며, 이러한 법적 서비스를 받으려면 연회비 115달러(5년 일시납할 때 5백 달러) 또는 평생 회비 1천 달러를 납부해야 한다. 회비를 낸 가정은 변호사 비용을 포함하여 법적 분쟁에 필요한 더 이상의 비용을 지불하지 않아도 된다.

회원 수가 얼마인지 공식 발표를 하지 않아서 정확한 숫자는 알 수 없지만, 1983년에 약 200명의 회원으로 시작한 단체가 1985년에 2,000명, 1987년에 3,600명, 1994년에 3만 8,000명으로 급격하게 증가한 것으로 알려져 있다(Gaither, 2008a). '합법적인 홈스쿨Home School is Legal'이란 단체의 홈페이지에 실린 "홈스쿨변호협회의 회원이 몇 명이나 될까?"라는 글에서는 2000년에 '셋이면 공짜(Three-for-free, 세 가정을 등록시키면 한 가정 연회비 면제)' 프로그램을 홍보하면서 홈스쿨변호협회가 약 6만 2천 명의 회원을 섬기고 있다고 말한 것으로 기록하고 있다. 게이터(Gaither, 2008a)는 최근 2007년도 현재 회비를 내고 있는 회원이 8만 명은 넘을 것이라고 주장하고 있다. 지금은 약 60명의 전일제 및 시간제 직원이 조직을 운영하고 있다. 홈스쿨변호협회 소속 변호사 9명은 모두 홈스쿨링 가정의 아버지들이고, 직원들도 대부분 자녀들을 홈스쿨링하고 있거나 이미 마친 사람들이다. 흥미롭게도 홈스쿨링을 마친 후에 이 단체에 와서 직원으로 일하고 있는 사람들이 30여 명 가까이 된다(Our History, n.d.).

홈스쿨변호협회가 이렇듯 괄목할 만한 성장을 보이고 있는 것을 어떻게 설명할 수 있을까? 먼저, 홈스쿨변호협회가 동원할 수 있는 풍부한 물적 및 인적 자원 때문이다. 정확한 수치는 아닐지라도 연회비 115달러를 내는 회원이 약 8만 명이라고 할 때 안정적인 연간 수입이 대략 얼마쯤 될지 짐작할 수 있다. 연간 천만 달러에 가까운 재정은 비영리 기관으로서 조직을 운영하고 목표를 달성하는 데 큰 밑거름이 된다. 나아가 기독교 정신으로 무장되어 있는 자원봉사자들이 전국 각지에 산재해 있어 각 지역 행사를 돕는 것도 이 조직이 지니고 있는 장점 가운데 하나이다.

둘째, 홈스쿨링 운동이 활성화되는 데 홈스쿨변호협회가 크게 기여할 수 있었던 이유로 기독교인들이 위계질서에 익숙해 있다는 사실을 들 수 있다. 본부로부터 자원봉사자들에 이르기까지 동일한 메시지가 전달되고 모든 조직 구성원들이 일사불란하게 움직일 수 있는 것은 홈스쿨변호협회가 이미 피라미드형 위계질서에 익숙한 기독교인들로 구성되어 있기 때문이라고 할 수 있다.

셋째, 홈스쿨변호협회가 설립될 당시에 홈스쿨링 운동의 대부라고 할 수 있는 무어가 이 단체를 공식적으로 인정했다는 사실을 들 수 있다. 당시에 홈스쿨링의 세계에서 무어가 지니고 있던 영향력에 비추어 볼 때 그의 인정과 지지는 이 조직이 첫걸음을 내딛을 때 소중한 힘이 되었을 것이다. 그러나 흥미롭게도 홈스쿨변호협회가 홈스쿨링 무대에서 가장 영향력이 있는 단체로 성장하면서 제7일안식일예수재림교 출신인 무어와 갈등 관계에 빠지게 된다. 전통적인 보수적 기독교에 입장에서 볼 때 제7일안식일예수재림교는 소수집단에 불과하다(일부 극 보수 기독교 교단에서는 이를 이단시하기도 함). 홈스쿨링 운동 초기에 무어가 영향력을 발휘할 수 있었던 것은 그가 다분히 초교파적인 태도를 띠었기 때문이라고 할 수 있다. 홈스쿨링 관련 정보가 충분치 않았을 때 많은 기독교 홈스쿨러들은 무어에게 의지했으나, 홈스쿨변호협회가 자리를 잡게 되면

서 대부분의 보수적 기독교 홈스쿨러들이 이 단체로 쏠렸다고 할 수 있
다. 무어는 말년에 홈스쿨변호협회와 대립각을 세우며 뒤에 소개되는
전국홈스쿨연합을 통해 경쟁해 보려 했으나 이것도 실패하게 된다. 이러
한 결말은 홈스쿨변호협회의 설립 창립자 가운데 한 사람인 마이클 패
리스가 원래 무어의 조직에서 일하다가 생각이 달라 그와 결별하고 나
왔다는 사실을 생각해 볼 때 아이러니하다고 하겠다.

끝으로, 패리스가 무어 조직을 떠나면서 무어 측 비서진을 자유계약
직으로 고용해 무어 조직에서 익힌 노하우를 새로운 조직에 활용할 수
있었던 것도 홈스쿨변호협회가 출범한 후 빠른 시간 안에 자리를 잡는
데 도움을 주었다고 할 수 있다(Gaither, 2008a; Stevens, 1981).

전국홈스쿨연합

전국홈스쿨연합(National Homeschool Association, NHA)은 1988년도에
홀트가 오랫동안 지원해 왔던 조직인 전국지역사회대안학교연대(Nation-
al Coalition of Alternative Community Schools, NCACS)에서 활발하게 활동
하던 홈스쿨러들이 중심이 되어 결성된 조직이다. 홀트의 '학교 없이 살
기' 철학에 동조했던 많은 홈스쿨러들은 홈스쿨링 운동이 아직 활성화
되기 이전인 1980년대 초반까지 전국지역사회대안학교연대를 통해 공감
대를 형성했다. 전국홈스쿨연합은 홈스쿨링이 전국적으로 퍼져 나가기
시작하면서 자연스럽게 탄생했다고 할 수 있다. 이 조직은 회원의 사회
적, 종교적, 이념적 배경 등에 개의치 않는 열린 조직이었다.

출범부터 회원의 자유와 민주적 참여가 보장되었던 전국홈스쿨연합

은 회원 수가 급증하지도 않았고 관리가 철저하지도 않았다. 비공식적 자료에 의하면 1990년대 초반에 5백 명까지 증가하기도 했으나, 1992년도 공식 집계에 따르면 15달러에 해당하는 연회비를 낸 회원은 고작 150명 정도에 불과했다. 전국홈스쿨연합 회원은 주기적으로 운영위원회 위원을 선출하고, 운영위원회는 모든 중요한 결정을 다수결이 아닌 합의 consensus에 의해 진행하기를 원했다. 전국에서 다양한 배경을 가진 사람들이 모여 조직을 운영하는 데 이러한 참여 민주주의적 방식은 조직 구성원의 의사를 존중한다는 점에서는 바람직할 수 있으나, 효율성 면에서는 현저하게 떨어질 수밖에 없었다.

홈스쿨변호협회의 독주와 배타성에 반발하던 레이몬드 무어는 1994년도에 제1차 전국홈스쿨연합 연차 대회에 참여하여 홈스쿨변호협회에 맞설 만한 조직으로 성장하기를 기대하며 힘을 실어 주기도 했다. 그러나 강력한 리더십이 없었던 전국홈스쿨연합은 홀트 계열의 반문화적인 흐름을 주도하면서 나름대로 홈스쿨링 운동에 기여한 바가 있으나, 회원 수가 급감하면서 2000년대 초반 들어 유명무실한 존재로 전락하게 된다(Gaither, 2008a; Stevens, 2001).

한마디로 반문화 좌파 계열 홈스쿨링 운동을 이끌어 간 전국홈스쿨연합은, 홈스쿨변호협회와 달리 동원할 수 있는 물적 자원도 부족했고 일사불란하게 움직일 수 있는 조직 구성원들과 자기를 희생하면서 조직의 이념과 목표를 위해 헌신하는 자원봉사자들을 보유하지 못했으며, 동일한 가치관보다는 다양한 가치관과 배경을 지닌 사람들을 이끌어 갈 강력한 리더가 없었기 때문에 지속적으로 성장하지 못했다고 할 수 있다.

6장

홈스쿨링 운동의 사회적 배경

모든 사회적 사건과 현상이 그렇듯이, 미국의 홈스쿨링 운동이 성공한 것도 개인

적 차원의 노력과 사회적 환경이 변증법적으로 만들어 낸 결과로 이해하는 것이

옳다. 앞의 5장이 전자에 초점을 맞추어 분석했다면, 6장에서는 미국에서 하나의

사회적 운동으로서 홈스쿨링이 합법화되기까지 그 이면에 작동하여 온 사회적

배경 및 요인들에 대하여 살펴본다. 그리고 동일한 사회적 환경 속에서 반문화적

좌파와 보수 기독교 우파의 대응이 왜 어떻게 달랐는지 논의한다.

1 홈스쿨링 운동의 사회적 배경

미국의 경우 홈스쿨링은 더 이상 종교적 광신 행위나 교육적 일탈 현상이 아니다. 1970년대 후반 이후 정치적 좌파와 우파가 모두 옹호해 온 홈스쿨링은 점점 더 많은 가정이 선택하고 있는 합법적인 교육 형태이며, 주류 사회와 문화에 저항하는 정치사회적 운동이다. 의무취학을 법률로 규정하는 미국에서 이에 대한 저항으로 나타난 홈스쿨링이 합법화된 교육 형태로 인정받기까지는, 홈스쿨링 운동의 지도자들 외에도 많은 사람들과 집단의 헌신과 노력이 있었던 게 사실이다. 그러나 홈스쿨링 운동이 꽃을 피우게 된 것을 개인적인 차원에서 노력한 결과로만 이해하는 것은 한계가 있다. 그렇다고 사회결정론의 입장에서 모든 사회적 현상을 개인의 의미와 노력을 무화시키면서 사회적 압력이 결정한다고 보는 것도 적절치 않다.

공교육제도에 대한 반발과 대안으로서의 홈스쿨링은 사회적 진공 상태에서 발생한 운동이 아니다. 홈스쿨링 운동의 방향과 흐름은 다르지만, 기독교 우파 계열과 반문화적 좌파 계열의 홈스쿨링이 뿌리를 내리게 된 데에는 당대의 사회적 특성과 배경이 직·간접적으로 영향을 미쳤다고 할 수 있다. 여기에서는 미국의 홈스쿨링 운동이 활성화되는 과정에 영향을 미친 사회적 배경으로 중앙집권화와 관료제의 지배에 대한 반발, 아동 숭배 사상, 가족 가치의 중시 경향, 교외의 발달에 주목하고자 한다.

중앙집권화와 관료제의 지배에 대한 반발

우선, 홈스쿨링이 강력한 대안적 교육 형태로 떠오르게 된 것은 역사적으로 다음 몇 가지 특징을 지닌 시대와 사회에 맞물려 있다. 즉 홈스쿨링은 사회가 점점 더 중앙집권화되고, 기술이 주도하며, 고도의 합리적 관료제가 지배하게 되면서 나타난 병리 현상에 대한 교육 분야의 대응으로 이해할 수 있다. 사회이론가들에 의하면 거대 정부, 다국적기업, 의료 관료체제, 거대 공교육체제 등 대규모 공공 조직이 사회생활 전반을 지배하게 되면서 개인들은 무기력과 소외를 체험하게 된다. 거대 조직은, 그 본질상 생존과 성장을 위하여 권력과 영향력을 확장하고자 하는 속성이 있다. 이러한 과정에서 개인들의 삶에 간섭하게 되었고, 이에 대한 분개와 저항이 자연스럽게 따라 나오게 된다.

이러한 불만적 상황 아래, 인간의 기본 욕구를 충족하고 가치를 추구하기 위하여 사람들은 조직을 결성하고 자원들을 동원하며 집단적으로 대응하기 시작했다. 주류 세력과 제도에 대한 신뢰를 상실한 이들은 나름대로 대안을 찾아 나섰으며, 그 결과 나타난 것이 홈스쿨링, 대체의학, 새로운 정치적 정당, 가정교회house churches 등이다. 1970년대 이후에 나타난 사회운동은 (홈스쿨링 운동을 포함하여) 대체로 사적 생활 영역에서 중앙집권적 관료 국가의 간섭 증가에 대한 집단적 반응으로 이해할 수 있다. 이것은 자신들이 헌신하고 있는 세계관과 가치를 수호하기 위해 발생한 일종의 풀뿌리 사회운동이다. 정치적으로 좌파든 우파든 상관없이, 이들은 문화, 정치, 경제, 가정생활, 교육 등의 영역에서 개인과 가정이 소중하게 여기는 가치가 외부의 권력과 제도에 지배되는 것에 저

항했다(Habermas, 1987; Hunter, 1991).[1]

중앙집권화와 관료제의 영향력이 사회적으로 문제가 될 정도로 커진 것은 1970년대 이후지만, 제2차 세계대전 이후에 이미 여러 사상가들은 과학기술을 바탕으로 하는 대규모 조직의 영향으로 인간은 더욱 고독해지고, 소외감과 무기력감을 느끼며, 인간성이 상실될 것을 통찰력 있게 기술했다. 예컨대 조지 오웰의 『1984년』, 리즈만의 『고독한 군중』, 화이트의 『조직 인간』 등은 현대사회의 특징과 병폐를 잘 말해 준다. 특히 『1984년』에서 빅브라더는 사회 구성원 전체의 일거수일투족을 감시하고 통제하는 모습으로 그려진다. 모든 사람들은 '빅브라더가 당신을 보고 있다'라는 선전 구호를 그대로 믿고 살도록 끊임없이 세뇌당하고 있다. 이들의 주장에 따르면 획일성, 통제, 감시, 지배 등으로 특징지어지는 대중사회에서 인간은 개성을 상실한 채 살아가고 있다.

이러한 주류 사회와 문화에 동조하여 살아가면 별 문제가 없겠지만, 일부 사람들은 외부 사회제도와 문화의 지배에 저항하면서 자신들이 소중하게 생각하고 있는 가치와 문화에 따라 살기를 원했다. 이들은 자율, 자기 신뢰self-reliance, 자기 결정self-determination 등의 가치를 추구하며 자신과 가족의 세계관에 따라 살기를 원했다. 즉 이들은 무엇보다도 사

---

1) 특히 사회변혁에서 교육의 역할에 대한 하버마스의 비판 이론은 시사하는 바가 크다. 그는 일반 대중이 교육을 통하여 왜곡된 제도와 사회적 과정을 이해하고 비판하며, 합리적 담론에 참여하는 능력을 갖출 수 있을 것이라고 믿는다. 더 나아가 하버마스는 일반 대중을 억압하고 그들로 하여금 뒤틀린 삶을 살게 하는 힘으로부터 자유로워질 수 있고, 지배와 각종 제약이 사라진 의사소통 상태가 올 수 있을 것이라고 주장한다. 다시 말하면, 하버마스의 비판 이론의 틀 속에는 적절한 이해, 비판, 교육만 제공되면 왜곡된 사회제도와 인간을 조정하고 통제하는 정책 체제가 자동적으로 변혁될 수 있으리라는 것이 내포되어 있다.

적 자유privacy를 소중하게 여겼다. 그러나 공교육체제가 대규모화·관료화되면서 획일화와 비인간화 현상이 나타나고, 가정과 지역사회의 독특하고 다양한 필요를 제대로 반영하지 못하게 되었고, 이에 따라 소외감과 불만족을 느끼는 가정이 점점 증가하게 되었다. 공교육체제에 의해 일방적·획일적으로 공급되는 교육을 제도적 폭력으로 인식하고 있는 이들의 경우, 국가관료제도에 의한 가정의 식민지화를 막기 위해서라도 홈스쿨링 운동에 동참하게 된 것은 당연한 결과라고 할 수 있다(Gaither, 2008a; Mayberry, Knowles, Ray, & Marlow, 1995; Wyatt, 2008).

한편, 홈스쿨링을 포함하여 대체의학, 가정교회 등 새로운 사회운동은 소위 '전문가에 의한 통제'에 대한 불신과 저항으로 이해할 수 있다(Wyatt, 2008). 사회조직이 거대화되면서 분업과 함께 직무의 세분화와 전문화가 일어났다. 전문성은 현대 관료제의 중요한 특징 가운데 하나이다. 사회의 전문화에 따라 사람들은 종전에 스스로 하던 많은 기능을 잃었고 생존을 위해서는 다른 사람에게 의존해야만 하게 되었다. 에머슨(Emerson, 1981)이 통찰력 있게 지적하듯이, 권력은 '의존의 함수'이다. 즉 우리가 필요한 것을 다른 사람에게 의존하여 얻으면, 그 사람은 나에 대한 권력을 갖게 되는 것이다. 따라서 우리가 우리 삶의 책임을 다른 사람들에게 넘기면 넘길수록 우리는 그들에게 점점 더 종속되고, 대신에 삶에 대한 영향력은 줄어들게 된다. 탈산업사회의 특징 가운데 하나가 바로 전문가의 지배이다. 전문가는 우리가 태어나서 죽을 때까지 삶의 전 영역에서 우리를 안내해 준다. 그들은 우리에게 어떻게 건강을 유지해야 하는지, 어떻게 교육을 받아야 하는지, 어떻게 사랑해야 하는지, 어떻게 자녀를 양육해야 하는지, 나이를 제대로 먹어 가는 게 어떤 것인지 알려

주고, 우리는 그들의 전문성을 신뢰하며 따라간다(Karp, 1996).

전문가들이 우리들의 삶에 축복을 베풀어 왔다는 것은 사실이지만, 그 축복은 우리의 자율을 희생한 대가임을 잊어서는 안 된다. 이러한 점에서 국가가 인정하는 전문가인 교사의 손에 자녀를 맡기지 않고 스스로 자녀를 교육시키겠다는 홈스쿨러들의 결정은 소위 교육 전문가가 제공하는 축복을 거부하고, 앞길이 보장되지 않지만 자율을 더 소중하게 여기는 자들의 용기 있는 행동이라고 할 수 있다. 교사 자격증도 없는 학부모가 소위 전문가인 교사의 도움을 받지 않고 자율적으로 자기 자녀의 교육을 책임지겠다는 것은 어쩌면 무모하고 위험하기도 한 일이다. 그러나 이들은 교육 전문가들이 맡고 있는 학교가 제대로 작동하지 않고 있을 뿐만 아니라 심지어 학생들의 지적·심리적 성장에 장애가 되고 있으며, 따라서 점점 더 많은 학생과 학부모가 학교에 만족하지 못하고 있음을 지적한다. 이러한 상황에서 학교교육의 책무성에 대한 요구가 높아지고, 이에 대한 해법 가운데 하나로 교사의 전문성 신장은 세계 각국 교육정책의 우선순위에 놓이고 있다. 그럼에도 프리드슨(Freidson, 1970)이 예리하게 지적하고 있듯이, 전문성은 때로는 공공에 대하여 봉사의 얼굴로 포장된 '특권'과 '권력'일 뿐이다.

아동 숭배 사상의 영향

미국의 홈스쿨링 운동이 사회적으로 관심을 받기 시작한 1970년대 후반과 1980년대 초반은 흔히 '악몽의 시기(Stevens, 2001)'라고 불린다. 이 당시 공립학교는 학생 간 성폭행, 교사의 체벌과 성희롱, 청소년 문화의 타락, 이상한 종교의 세뇌 등으로 악명이 높았다. 안전하지 못한 학교의 이미지는 1990년대에도 지속되었고, 급기야 1999년 콜로라도 리틀톤의 콜럼바인Columbine 고등학교에서 일어난 총기 난사 사건으로 학부모들의 불안은 정점에 이른다. 이제 미국의 고등학생들은 금속탐지기를 통과해서 교실에 들어가게 되었다.

1980년대와 1990년대에 홈스쿨링이 활성화된 이면에는 분명히 안전한 공간인 가정이 아이들을 보호해 줄 것으로 믿었던 당시의 신념과 관련이 있다. 그러나 그 배경에는 단순히 위험한 학교로부터 자녀를 보호하겠다는 생각 이상으로 아동 숭배 사상cult of the child과 연결되어 있다(Gaither, 2008a). 아동 숭배란 아동과 관련된 모든 것을 경배하는 사회적 경향을 뜻하는데, 특히 아동이 가진 자연 그대로의 순수함을 숭배의 대상으로 삼는 것을 의미한다. 아동 숭배는 아동의 인권을 보호한다는 차원을 넘어 아동의 존재를 완전무결한 이상향으로 보는 것이다. 이러한 맥락에서 아동의 순진무구함은 일종의 종교적 경배의 대상이 된다. 요컨대 아동 숭배 사상은 합리, 이성, 제도 등에 물들지 않은 자연의 정수를 간직한 아동을 상정하고 있으며, '어린이는 어른의 아버지'라는 명제를 받아들이고 있다.

따라서 아이가 태어날 때 간직하고 있던 순수함과 있는 그대로의 자연 상태는 그를 해칠 수 있는 어떤 종류의 외부 영향으로부터 보호되어야 한다. 루소의 사상에 뿌리를 두고서 아동에 대한 낭만적 이상을 받아들인 반문화적 좌파는 학교에서 육체적·성적 학대로 희생당할 것을 두려워하며 제도화의 폐해로부터 자녀를 보호하길 원했다. 한편, 보수적 기독교 우파는 아동도 원죄로부터 자유롭지 않다는 것을 인정하면서도, 자녀를 잠재 가능성이 풍부한 하느님의 귀한 선물로 보며, '너희가 돌이켜 어린아이들과 같이 되지 아니하면 결단코 천국에 들어가지 못하리라.(신약성서 마태복음 18장 3절)'라는 예수 그리스도의 가르침을 믿고 있다. 이들은 학교의 세속화된 문화 때문에 자녀들이 타락할 것을 두려워했다. 따라서 정치적·이데올로기적 차이를 떠나 아동의 맑고 순수함을 매우 소중하게 여기는 학부모들은 자녀들을 위험한 학교로부터 보호하기를 원했고, 그 대안으로 홈스쿨링을 선택한 것으로 볼 수 있다.

흥미 있는 사실은, 필립 아리에스(Philippe Ariès, 1973)의 저서 『아동의 탄생』에 따르면, 중세 사회에서는 아동의 존재를 전혀 그렇게 의식하지 않았다는 것이다. 중세 사회에서 아이는 어머니나 유모의 염려 없이 살아갈 수 있게 되자마자, 어른과 구별하지 않고 곧장 어른의 세계에 합류했다. 아이들은 성인과 똑같은 복장을 하고, 어른들과 함께 일을 하며, 어른들의 외설스런 놀이에도 거리낌 없이 참여했다. 중세의 많은 그림들을 보면 어린이들이 도박을 하는 어른들 틈에 끼어 있기도 하고, 밤 늦게까지 어른들의 축제에 함께 참여하고 있음을 알 수 있다. 이 시기의 아동은 어른과 구별되는 특별한 관심을 받아야 할 존재라기보다는 '어른의 축소판'에 불과했다.

그러나 17세기 말에 오면서 변화가 나타나기 시작한다. 그림에서 아이들을 따로 묘사하기도 하고 어른이 입는 옷과는 다른 아동복이 출현하기도 한다. 이제 어린이는 순진하고 천진난만한 존재로서 사랑과 보호를 받아야 한다는 생각을 하게 된 것이다. 이 시기에 아동이 타락하지 않도록 도덕적 규율 속에서 길러야 한다는 믿음을 가장 적극적으로 실천한 곳은 예수회가 설립·운영한 학교들, 즉 오늘날 중등학교에 해당하는 꼴레쥬college였다. 무질서와 방종, 떠들썩한 삶, 건달 같은 학생, 다양한 연령층의 혼재 등으로 특징지어지던 중세 학교들과 달리 예수회 학교는 정해진 시간표, 엄격한 규율, 체벌, 도덕적 훈련 등을 통하여 타락하기 쉬운 아동의 영혼을 구원하고자 했다. 아이러니컬하게도 아동 사랑의 이름으로 아동 통제가 시작된 것이다. 그 이후 근대적인 의미의 학교제도가 자리를 잡으면서 국가의 모든 아동은 어른의 세계와 분리되고, 국가가 인정한 어른의 대표인 교사들에 의해 권위적 명령 체계에 따라 철저하게 감시되고 통제된 생활을 하게 된다. 어른과는 다른 존재로서의 아동의 발견은 아동을 귀하게 여기고 보호해야 한다는 인식을 싹 틔웠으나, 근대적인 학교제도 속에 가두어 둠으로써 아동의 본질을 오히려 훼손하는 결과를 가져오게 된 것이다.

19세기 이후 도입된 공교육제도에서도 마찬가지였다. 아동은 부모의 자녀가 아니라 국가의 자녀로서 획일적인 방식으로 국가에 충성하고 산업사회에서 쓸모 있는 인간으로 양육되어야 했다. 20세기 중반 이후 미국 사회에서 부활한 '아동 숭배' 사상은 학교가 아동을 하나의 인격체로서 간주하면서 진정으로 아끼고 보호해 주지 못한다는 사회적 인식을 불러일으켰고, 결국 자녀를 학교에 맡기지 않고 부모가 직접 그 일을 맡는 홈스쿨링 운동으로 연결되었다고 할 수 있다.

가족 가치의 중시 경향

영화 〈바람난 가족〉이 보여주듯이, '가족의 위기'와 '가족의 해체'라는 화두는 오늘날 가족의 문제점을 한마디로 압축한다. 온 사회가 방향감도 없이 전속력으로 달려가는 가운데, 경쟁에서 앞서기 위해 모든 식구들이 자기 일에 바쁜 생활을 하다 보면 가족끼리 함께 보낼 시간을 거의 가질 수가 없는 게 현실이다. 대부분 가정은 식구들 간에 얼굴을 마주볼 겨를도 없이, 또 부모와 자식이 한자리에 앉아 삶의 진지한 이야기를 할 틈도 없이 하루하루가 지나간다. 일반 가정의 경우 부모와 함께하는 시간이 많지 않은 관계로 아이들은 부모보다는 또래집단의 영향을 더 많이 받는 경향이 있다.

그러나 홈스쿨링에 참여하는 가정은 대체로 한 가족으로서 좀더 많은 시간을 함께 보낸다. 사실 가족으로서의 연대감과 공동체 의식을 형성하기 위해서는 시간이 절대적으로 필요하다. 홈스쿨링 가정이라고 해서 생업이 없는 게 아니지만, 이들은 다른 것을 희생하고서라도 가족이 소중하게 생각하는 가치를 함께 나누는 데 우선적으로 시간을 배정하고자 한다. (이 부분은 '들어가는 말'에서 밝혔듯이, 홈스쿨링으로 두 딸의 고등학교 과정을 마친 필자의 가정도 예외가 아니다.) 홈스쿨러들은 빠르게 돌아가는 세상이라는 기차에서 내려 조금 늦더라도 걷기를 선택한 사람들이다. 그래서 이들은 삶을, 자연을, 세상을 좀더 찬찬히 들여다볼 수 있는 여유를 가질 수 있다. 따라서 홈스쿨링 가정은 다른 가정에 비해 경쟁으로 인한 스트레스를 조금 덜 받으면서 서로 알아 가고, 함께 배우며, 더불어 살아가는 법을 배우게 된다(서덕희, 2008; Rivero, 2008).

홈스쿨링을 연구하는 사회학자이자 자기의 두 아들을 직접 홈스쿨링 시킨 와이아트(Wyatt, 2008, p. 55)는 다음과 같이 자기 연구의 결론을 내리고 있다.

홈스쿨링은 우리 아들들의 기질을 크게 변화시키지는 못했다. 그러나 홈스쿨링으로 또래집단 의존도가 줄었고, 우리(부모)와의 관계가 증진되었으며, 아이들의 삶에 대한 우리 가족의 자율성과 책임감이 더 많이 생겼다. 내가 알고 있는 대부분의 홈스쿨링 가정들도 똑같은 경험을 하고 있다. 궁극적으로, 그들에게나 우리에게나, 이것이 홈스쿨링이 뜻하는 모든 것이 아닌가 싶다.

이렇듯 홈스쿨링은 그것이 생태주의에 입각한 대안적인 삶의 양식이든 기독교적 세계관에 따른 삶의 양식이든, 소위 '가족 가치'를 소중하게 여기고 그것을 자율적으로 실천하고자 하는 사람들이 선택해 왔다. 홈스쿨링은 가정을 진정한 일차적 집단[2]으로 만들고자 하는 운동이다. 그러나 한 가족이 자녀교육에서 원하는 것을 스스로 결정하고 실천하게 된 것은 역사상 그리 오래된 일이 아니다. 이는 핵가족의 탄생과 관련이 있다.

가족family은 인류가 지구상에 출현한 이래 종족의 보존, 사회생활, 경제생활의 기본 단위로서 중요한 역할을 수행해 왔다. 최근 들어 이에 대한 개념과 이해가 다양해지고는 있으나,[3] 전통적으로 가족은 혈연을 기

---

2) 일차적 집단primary group이란 규칙적인 상호작용을 통해 강하고 지속적인 연대감을 지니고 있으며, 서로에 대한 행동 기대를 공유하고 있는 둘 이상의 사람으로 구성된 모임을 가리키는 사회학적 개념이다. 인간의 생물학적 · 감정적 · 사회적 욕구는 대부분 일차적 집단을 통하여 충족된다. 자녀가 가정에서 분리되어 있는 현대사회에서는 대부분의 청소년들에게 가정보다도 또래집단이 일차적 집단의 역할을 수행한다(Wyatt, 2008).

3) 포스트모더니즘과 페미니즘의 영향 속에서 최근 새로운 형태의 가족들, 예컨대 자발적 미혼모(비혼모) 가족, (의도적) 무자녀 가족, 동성 가족, 한부모 가족, 공동체 가족 등이 출현하고 있다. 어떤 형태의 가족을 가족으로 인정하느냐 하는 것은 각 사회가 처한 환경에 따라 다르며, 대체로 법률로 가족의 범위를 규정하고 있다.

본으로 하여 거주 공간을 공유하며 생활하는 사람들의 모임이다. 역사적으로 산업사회 이전에는 가족의 형태가 대체로 삼대 이상이 한집에 모여 사는 대가족이었다. 이러한 대가족 형태에서는 집 또는 주택house 중심의 생활은 두드러지게 나타나지만, 오늘날처럼 가정home 중심 생활은 제한될 수밖에 없었다.[4] 이 시기의 집은 가족이 먹고, 자고, 아이를 낳아 기르며, 생활하는 공간일 뿐만 아니라 생산, 복지, 교도(矯導, cor-rection), 교육, 종교 행위를 위한 공간이기도 했다. 이러한 집에는 결혼과 혈연으로 이루어진 가족 외에도 가까운 친척, 하숙인, 고아와 과부 등 사회적 약자, 견습생, 하인 등이 함께 살았다. 그런 상황에서 오늘날 부부와 자녀로 구성된 핵가족 가정에서처럼 사적 자유는 보장될 수가 없었다. 오늘날의 가정이 주로 사적 공간이라면, 이 당시에는 집에서 공적인 일도 수행한 것으로 이해할 수 있다(Ariès, 1973; Hareven, 1993).

사적 공간으로서의 가족 개념은, 산업화와 도시화의 진전에 따라 18세기 프랑스와 영국의 부르주아 가정과 19세기 초반 미국의 도시 중산

---

4) 우리말로는 house도 집이고, home도 집이다. 영어에서 homeless라고 하면 대체로 집(house) 없이 떠돌이 생활을 하는 사람을 가리킨다. 부동산 시장에서는 팔려고 내놓은 집(house)을 home for sale이라고 하는 경우가 많다. 이렇듯 house와 home을 구분하지 않고 사용하기도 한다. 그러나 엄밀히 말하면 house는 가족이 거주하는 물리적 건물을 가리키는 반면에, home에는 다분히 정신적인 요소가 포함되어 있다. home을 오래 떠나 있으면 homesick에 걸리고, home은 여행을 마치고 돌아가는 곳이다(cf. 영화 〈집으로〉에서의 집 또는 히브리인들이 죽어 돌아가는 본향으로서의 영원한 집). 한 개인이 house는 여러 채 소유할 수 있지만, 오직 하나의 home에만 속한다. home을 위해서는 house가 필요하지만, house가 있다고 home이 보장되지 않는다. home은 가족 간에 공유하고 있는 가치와 기억이 그 의미를 더해 준다. home은 사고팔 수 있는 게 아니다. (home을 house로 바꿔치기한 데에는 부동산업자들의 상술이 숨어 있다.) 한마디로 house는 오래전부터 있었으나, 이러한 의미의 home은 근대에 들어서 생긴 개념이라고 할 수 있다.

층 가정으로부터 비롯된 것이다(Hareven, 1993).[5] 이 시기에 공적인 일과 사적인 일의 분화가 일어나면서, 전자는 주로 남편이 집 밖에서 하고, 후자는 주로 아내가 집안에서 하는 것으로 인식된다. 이때부터 부모와 자식으로 구성된 핵가족 중심의 가정 개념이 등장하며, 19세기 중반에 오면 한 가구household의 구성원이 주로 핵가족에 한정된다(물론 부유한 집에서는 하인이 여전히 포함되었지만). 이제 산업화 이전에 가족이 수행하던 복지, 교육, 교도 등의 일은 각각 공공기관이 수행했고, 적어도 중산층 핵가족으로 구성된 가정은 삶의 사적 자유와 자기 결정권을 맘껏 누리게 된다.[6] 자녀교육을 학교가 온전히 떠맡으면서 대부분의 가정에서 가정주부는 집을 아름답게 꾸미고, 맛있는 요리를 하며, 집안을 청소하는 일에 더 많은 시간을 보내게 된다.

그러나 앞에서 살펴보았듯이 1970년대 이후 중앙집권적인 관료체제의 사적 공간 침해가 심해지는 한편, 공교육체제가 가정의 필요를 충족시켜 주지 못한다는 인식이 증가하면서, 많은 가정들이 가족 가치를 실현하기 위해 학교를 거부하고 홈스쿨링을 선택했다고 이해할 수 있다. 홈스쿨러들은 '오래된 미래'인 '가족 가치가 중시되는 사회'를 꿈꾸는 사람들인 셈이다.

---

5) 가정home이 유럽의 부르주아와 미국의 중산층에서 시작된 개념이라는 점에서, 하우스스쿨링house schooling이나 패밀리스쿨링family schooling 대신에 홈스쿨링이라는 용어를 사용하는 것은 홈스쿨링 속에 중산층의 뿌리가 있음을 시사한다. 물론 중산층이 향유하던 home은 시간이 지나면서 노동자 계층을 포함한 전 사회에 확산되었기 때문에, 1970년대 말 이후 미국의 홈스쿨링 운동을 중산층의 전유물이라고 할 수는 없다. 3장의 홈스쿨링 현황에서 알 수 있듯이, 참여하고 있는 중산층 가정의 비율이 다소 높기는 하지만 지금은 전 사회계층이 홈스쿨링에 참여하고 있다.

6) 아래에서 살펴볼 교외의 발달suburbanization과도 밀접히 관련되어 있다.

교외의 발달

끝으로, 미국의 홈스쿨링이 꽃을 피우게 된 배경 가운데 도시 근교가 발달했다는 사실이 있다. 초기의 교외는 기차 노선을 따라 발달했고, 1956년 아이젠하워 대통령이 국방을 목적으로 발표한 연방 정부 지원 고속도로법[7]은 교외가 발달하는 데 결정적인 역할을 했다. 여기에 자동차 산업의 발달도 교외화의 급속한 진전에 한몫을 담당했다. 급기야 1980년에는 인구의 약 40%인 1억 명이 교외에 거주하게 된다.

이러한 교외의 발달은 정부가 주도한 측면도 없지 않은데, 대체로 다음 두 가지 이유로 요약된다(Gaither, 2008a). 첫째, 제2차 세계대전 이후의 냉전과 관련이 있다. 즉 인구를 교외로 분산시킴으로써 혹시 있을지도 모를 핵 공격 시 살아남을 확률을 높이고자 한 것이다. 한편, 공산주의 사회와는 달리 미국의 정치 지도자들은 근로자들도 교외에서 내 집을 마련할 수 있게 함으로써 노동 불안을 잠재울 수 있다고 믿었다. 당시 소련과 냉전 중이던 미국은 '내 집과 내 땅을 갖고 개인적 자유를 누리고 있는 사람은 절대로 공산주의자가 될 수 없다'는 신념을 공유하고 있었다. 둘째, 연방 정부가 교외화에 관심을 지닌 것은 인종 문제와 관련이 있다. 미국은 주택, 교육 등 삶의 다양한 측면에서 인종 분리가 일상화되어 있었다. 그러나 인종적으로 분리된 학교는 본질적으로 불평등하며 따라서 위헌임을 판결한 1954년 브라운 대 교육위원회(Brown v.

---

7) 연방 정부 지원 고속도로법Federal-Aid Highway Act은 4만 마일이 넘는 주간(州間, interstate) 고속도로를 20년에 걸쳐 250억 달러를 투입하여 건설하겠다는 내용으로, 당시로써 미국 역사상 가장 큰 공공사업이었다. 연방 정부가 건설비용의 90%를 대지만, 도로의 설계와 위치는 주의 재량에 맡겼다.

Board of Education) 사건 이후 통학버스 정책 등 인종 통합을 위한 정책을 펴 나갔다. 이러한 정책은 점점 더 많은 백인들로 하여금 도시를 떠나 교외로 이주하게 하는 결과를 가져왔다. 물론 많은 아프리칸 아메리칸도 교외로 이주했으나 그들의 거주지는 대부분 백인 거주지와는 동떨어진 곳에 있었다. 따라서 교외의 발달로 인종 분리는 기술적으로는 위법이지만 실제적으로는 일종의 규범이 되었다.

교외에 살게 되면서 많은 미국인들은 핵가족을 이루며 개인적 자유를 만끽하며 살았다. 이들은 자녀의 양육과 교육에 대해서도 나름대로 신념을 가지고 임했다. 그러나 정부가 주도하며 이루었던 교외가 자유주의 사상을 잉태하며 반정부 정서와 활동의 기지로 변하게 된 것은 매우 아이러니컬하다. 1970년대 이후 중앙집권적인 관료체제와 대중사회의 획일적인 통제, 사적 공간 침해에 대해 가장 민감하게 반응한 집단이 바로 교외에 거주하는 백인들이었다. 특히 워터게이트 사건 이후 공교육을 포함한 정부의 활동에 대한 불신은 더욱 커졌다. 보수적인 학부모들은 마법, 진화론, 파시즘, 성교육, 진보주의 교육론의 영향을 받은 '새로운 산수new math'와 '총체적 언어whole language' 교육 등을 다루는 교과서를 비판했다. 비판에는 비교적 시간적 여유가 있는 교외의 가정주부들이 앞장을 섰다. 이와 관련하여 자유주의 페미니즘이 홈스쿨링 운동과 부분적으로 연결된다. 정부가 실시하는 공교육에 대해 불만과 비판의 목소리가 커지는 것만큼 자기 자녀를 집에서 직접 가르쳐야겠다는 학부모의 숫자도 늘어났다. 다행히 교외라고 하는 물리적 공간은 자녀들을 홈스쿨링하는 데 필요한 조건을 충족시켜 주었다.

2 반문화적 좌파와 보수 기독교 우파의 대응

중앙집권화와 관료제의 지배, 아동 숭배 사상의 영향, 가족 가치의 중시 경향, 교외의 발달 등은 홈스쿨링이 하나의 사회운동으로 탄생하는 데 밑거름이 되었다. 그러나 똑같은 토양에서도 소중하게 여기는 가치와 신념에 따라 사뭇 다른 양상이 나타났다. 아래에서는 홈스쿨링 운동의 두 축이라고 할 수 있는 반문화적 좌파와 보수 기독교 우파가 각각 어떻게 대응했는지 살펴본다.

반문화적 좌파의 대응

반문화적 좌파의 뿌리는 1960년대 반전운동과 인권운동을 주도했던 젊은이들이라고 할 수 있다. 히피라고 불리기도 했던 이들은 무정부주의와 유토피아를 꿈꾸며 새로운 정치체제, 대안적인 사회를 꿈꾸었다. 그러나 1970년대에 들어서면서 그 실현 가능성을 회의하며 좌절한 이들은 무언가 구체적이고 실질적인 변화가 더 중요하다고 믿게 되었다. 이에 따라 많은 사람들이 '땅으로 돌아가자'라는 기치 아래 작은 규모의 공동체, 즉 코뮌commune을 형성하며 단순한 생활을 추구했다. 1970년대 초반 미국의 농촌에는 이미 약 2천 개의 코뮌이 있었다. 이들은 대체로 10여 명에서 20여 명으로 구성된 작은 공동체였다(Kanter, 1972).

정치적 거대 담론과 과학기술이 지배하는 사회에 지친 이들은 슈마허(Schumacher, 1973)의 저서, 『작은 것이 아름답다』에서 말하는 작은 마을 중심의 경제생활을 실천하고자 했다. 이들은 대체로 자연과의 조화를 중시하는 생태주의 사상을 신봉하는 가운데 유기농을 하고, 정제되지 않은 통낟알whole grain을 선호하며, 가정 안에서 자연분만을 실천하고, 공동육아를 실천하기도 했다. 정신적 또는 영적 체험의 고양을 위하여 부분적으로 환각제LSD를 허용하기도 했다(Gaither, 2008a).

대부분 코뮨들은 학교를 자기들의 영원한 적인 기존 제도권에 자녀들을 편입시키는 주요 수단으로 간주했다. 규모가 큰 코뮨들은 자체 학교를 운영하기도 했으나 대체로 홈스쿨링을 선택했다. 이들은 종교적으로는 개방되어 있는 홀트 계열에 속한다고 볼 수 있다. 1980년대 들어서 히피 중심의 코뮨은 대부분 사라지긴 했으나, 공교육에 대한 반문화적 좌파의 비판은 좀더 자유로운 분위기에서 아동 중심, 환경 친화적 교육을 중심으로 하는 홈스쿨링의 흐름을 만들어 갔다(Gaither, 2008a).

보수 기독교 우파의 대응

학교에서 사용하는 교과서가 비기독교적인 내용을 많이 담고 있다는 데 불만이 많았던 보수 기독교 신자들은, 1962년과 1963년도에 연방 정부 대법원이 교실 안의 기도와 성경 읽기가 위헌이라고 판결한 이후 정부의 공교육 정책을 강도 높여 비판했다. 이들 중 일부는 '니그로'를 학교로 들여오고, 하느님을 학교 밖으로 내몰았다고 주장하면서 실제로 공립학교를 떠났다.

그러나 아직 홈스쿨링이 대안은 아니었다. 인종 통합 정책, 세속적인 인본주의, 기도와 성경 읽기 금지 정책에 반대한 이들은 기독교 대안학교를 설립하여 자기들의 욕구를 충족시키고자 했다. 이들이 설립한 기독교 학교들은 교단의 지원을 직접 받기보다는 대체로 지역 교회와 개인들의 후원 속에서 운영되었다. 이들 학교들은 기관 평가 인정accreditation, 교원 연수, 법적 보호 등의 도움을 받기 위하여 기독교학교연합에 가입했다. 1973년에 이 분야에서 가장 큰 조직인 국제기독교학교연합(Assocation of Christian Schools International, ASCI)에 가입한 학교는 308개 학교였고, 2005년에 3,957개로 증가했다. 이 외에도 주 정부의 평가 인정에 의도적으로 참여하지 않은 독립 대안학교들은 상당히 많았던 것으로 알려져 있다.

1980년대에 이러한 독립 학교들의 숫자는 연구자들에 따라 6천 개부터 2만 5천 개에 이르기까지 그 추정치가 천차만별이다. 어쨌든 중요한 것은 1970년대와 1980년대에 세속적인 공립학교를 떠나 기독교 교육을 실시하겠다는 보수 기독교 우파의 움직임이 사회적으로 이슈가 될 정도로 커졌다는 사실이다. 1990년에 들어서면서 '소금과 빛'의 역할을 하려면 비기독교인들이 있는 학교에 남아야 한다는 주장도 나타났으나, 공립학교가 그전보다 더 해로워졌으므로 당장 자녀들을 학교에서 빼내 와야 한다는 보수적인 복음주의자들의 목소리는 더욱 커졌다(Bivins, 2003; Carper & Hunt, 2007; Gaither, 2008a; Rose, 1988).

흥미 있는 사실은 일부 보수적인 기독교인들이 기독교 사립학교가 대안이 되지 못한다고 생각했다는 점이다. 공립학교에 대한 불만과 비판에서는 기독교 사립학교를 선택한 사람들과 다르지 않으나, 이들은 다음과 같은 점에서 불만을 제기했다(Gaither, 2008a). 첫째, 일부 가정은 등록금이 너무 비싸 감당할 수가 없었다. 둘째, 일부 가정은 자기 지역의 기독교 사립학교가 내세우는 신학에 동조할 수가 없었다. 셋째, 일부는 교장이나 교사들과 성격적으로 맞지 않았다. 넷째, 일부 가정, 특히 자녀가 특별한 필요를 지니고 있는 경우 기독교 사립학교가 그를 적절하게 충족시켜 주지 못한다고 생각했다. 다섯째, 일부 가정은 성서가 자녀의 교육에 대한 책임을 온전히 부모에게 위임한다고 믿었다. 끝으로, 일부는, 특히 어머니들이 단순히 자녀와 더 많은 시간을 보내고 싶어 했다. 이러한 이유들로 기독교인들은 기독교 사립학교가 있음에도 홈스쿨링을 선택하기 시작했다.

다행스럽게도 시기적으로 홈스쿨링을 하기에 적절한 환경이 조성되어 있었다. 많은 보수적인 기독교인들은 교외에서 비교적 안락한 생활을 하고 있었고, 어머니들의 교육 수준도 높았다. 거기에다 이들은 자녀를 매우 귀하게 여기는 일종의 자녀 숭배 사상에 길들여져 있었으며, 새롭게 시작된 핵가족 생활 속에서 가족 가치를 최상으로 여기고 있었다. 이들은 가정에서의 자녀교육에 헌신할 준비가 되어 있었다. 기독교 사립학교를 포기하고 홈스쿨링을 선택하는 가정이 늘면서 기독교 사립학교의 숫자는 크게 감소하게 된다.

1980년대 초반만 해도 홈스쿨링을 선택한 기독교 가정은 여러 측면에서 고통을 받았다. 우선, 출석하고 있는 지역 교회, 특히 자체 학교를 운영하고 있는 교회로부터 비난을 받았다. 홈스쿨링에 대한 이해가 부족한 친지들로부터 미쳤다는 소리를 듣기도 했다. 매스컴도 아직은 의심에 찬 눈초리로 이들을 바라보고 있었다. 홈스쿨링에 관한 명시적 규정이 없거나 불법으로 규정된 주들의 홈스쿨링 가정은 교육청과 법적 투쟁을 해야 했다. 홈스쿨링이 합법적인 교육 형태로 인정되기까지 그 길

은 결코 순탄하지만은 않았다. 이러한 과정을 거쳐 지금 보수 기독교 우
파 집단은 주류 세력으로 미국 홈스쿨링 운동을 이끌고 있다.

7 장

홈스쿨링과 공교육체제의 협력과 공생

홈스쿨링 가정은 분명히 공교육체제가 싫어 떠난 사람들이다. 그러나 최근 들어 이들은 공교육체제가 제공하는 서비스의 일부를 적극적으로 활용하고자 한다. 한편, 홈스쿨링 운동에 대해 적대적인 태도를 보이던 공교육체제 입장에서도 홈스쿨링 가정을 끌어안으려고 노력하는 모습이 보인다. 7장에서는 홈스쿨링과 공교육체제의 공생에 얽힌 이론적 논쟁을 분석하고, 이어서 구체적으로 어떤 방식으로 협력하고 있는지 살펴본다.

1 공교육을 활용하려는 홈스쿨러들에 대한 논쟁

미국의 경우 공립학교에서 제공하는 자원과 서비스를 활용하려는 홈스쿨링 가정이 증가하고 있는 것은 사실이지만, 이에 대한 명백한 법률적 규정을 지닌 주는 2007년 현재 18개 주에 불과하다(HSLDA, 2007).[1] 이는 공교육체제가 사적 부문의 교육 형태인 홈스쿨링에 공적 재정을 지원해도 되는지와 관련된 문제로 아직도 법률적 논쟁이 진행 중에 있음을 보여준다. 홈스쿨러들이 공립학교의 도서관이나 컴퓨터를 활용하고, 더 나아가 특별활동 프로그램에 참여하는 것을 허용해야 하는가? 공립학교의 자원과 서비스에 홈스쿨러의 접근을 허용하는 것은 세금을 내는 시민으로서 당연히 누려야 할 권리라고 주장하는 입장과, 홈스쿨링은 공교육체제를 거부하고 나간 사람들이 스스로 선택한 것이므로 공적 자원을 지원할 필요가 없다고 보는 입장이 팽팽히 맞서고 있다. 아래에서 각 주장의 논리적 근거와 사례를 살펴본다.

찬성 입장

먼저 홈스쿨링 가정도 공교육체제로부터 행·재정적 지원을 받을 수 있을 뿐만 아니라 받아야 한다고 믿는 입장의 목소리를 들어보자. 1994

---

1) 법률로 명문화하고 있는 18개 주는 다음과 같다. 애리조나, 콜로라도, 플로리다, 아이다호, 아이오와, 메인, 미시간, 미네소타, 뉴햄프셔, 뉴멕시코, 네브래스카, 노스다코타, 오리곤, 펜실베이니아, 유타, 버몬트, 워싱턴, 와이오밍. 나머지 주들은 개별 학교 또는 지역 교육청의 재량에 따라 결정하고 있다.

년도에 차터스쿨법이 통과되면서 '교육의 선택'이 보장된다고 알려진 애리조나 주에서는, 많은 차터스쿨이 설립되고 더 나아가 공립학교를 떠나 홈스쿨링을 선택하는 가정이 증가했다. 애리조나 주에서 지역 교육감을 역임한 바레트(Barrett, 2003)는 떠나는 이들을 보는 것은 감정적으로 고통스러운 일이기는 했으나, 공립학교에 대한 확신이 있던 그는 학교를 떠난 가정이 곧 돌아올 것으로 믿었다. 그러나 홈스쿨러들은 돌아오지 않았고, 오히려 주 정부와 의회를 설득하여 자녀교육에 대한 부모의 재량권을 더욱 확고하게 행사할 수 있는 법을 제정하고자 했다. 30여 년간 교육행정직에 몸담고 있던 그는 「우리는 왜 홈스쿨러들을 환영해야 하는가」라는 논문에서 홈스쿨링에 대한 자기 심경의 변화를 고백하고 있다.

차터스쿨과 홈스쿨링 부모도 자기들이 살고 있는 지역의 공교육을 위해 똑같이 세금을 납부하는 사람들이다. 나는 이제 공립학교가 홈스쿨링을 포함하여 각종 대안교육을 추구하고 있는 가정에게도 손을 뻗어 우리의 학생들에게 좀더 나은 교육을 실시하는 데 필요한 모든 자원을 제공해야 한다고 확신하게 되었다.

…… 우리는 그들이 가정에서 자녀들을 가르치는 데 사용하는 교과과정을 풍부하게 해줄 수 있는 교육자원을 가지고 있다. 홈스쿨링 가정들을 만나 본 결과, 일부 가정은 여전히 공교육을 불신하고 협력을 꺼려했지만, 일부 가정은 지역 교육청 및 학교와 파트너십을 유지함으로써 자기 자녀의 교육을 향상시킬 수 있다는 가능성에 흥분하고 있었다.

마침 새롭게 시작한 학교에 사용하지 않는 건물이 있어, 몇몇 교실을 홈스쿨링과 공립학교의 협력을 위한 공간으로 활용하기로 했다. 홈스쿨링 학부모들과의 면담 결과, 우리는 홈스쿨러들이 컴퓨터, 외국어, 예술, 음악을 학교에서 배울 수 있도록 하고 도서관을 개방해 도움을 받을 수 있도록 했다. 우리는 홈스쿨링 가정들에게 주 정부의 별도 예산 지원으로 이 모든 자원과 서비스가 무료로 제공된다는 사실을 공지했다. 이 프로그램은 80명의 초등학교 학생들로 시작되었으나, 숫자가 증가하여 또 하나의 시설을 추가했다.

…… 교육감으로서의 나의 역할은 공교육 환경의 일부가 되기를 원하는 모든 학생에게 질 높은 교육을 제공하는 것이다. …… 우리의 서비스를 이용하지 않는 홈스쿨링 가정들은, 서비스를 긍정적으로 체험한 다른 홈스쿨링 가정들과 접촉함으로써 공교육에 대한 적대감이 줄어들고 있다. 나의 교육행정 경력에서 이러한 사실을 뒤늦게 깨달았다는 것이 후회스러울 뿐이다.

펜실베이니아 주는 2006년 1월부터 모든 지역 공립학교의 특별활동 프로그램에 홈스쿨러의 참여를 허용하고 있다. 관련 법률을 공포하면서 렌델Rendell 주지사는 다음과 같이 말했다(Pennsylvania State, 2005).

공교육 신봉자로서 저는 우리 주의 공교육을 세계적 수준으로 끌어올릴 필요가 있다고 확신해 왔지만, 홈스쿨링 학부모들이 보여준 (자녀)교육에 대한 헌신을 오랫동안 평가절하해 왔다고 생각합니다.

…… 저는 우리 주의 221개 지역 학교구가 그동안 좋은 사회적 가치를 함양하고, 공동체를 형성하며, 아동의 사회 발달에 확실히 도움을 줄 수 있는 체육, 연극, 각종 클럽 활동에 홈스쿨러들이 참여하지 못하도록 해온 것에 대해 실망을 금치 못하겠습니다. 저는 (홈스쿨링) 학부모들이 좌절감을 느낀 것

은 당연하다고 생각합니다. 다른 좋은 부모처럼 그들도 자기 자녀의 이익을 위해 일하고 있는 것입니다. 뿐만 아니라 재산세를 납부함으로써 지역 학교 비용의 일부를 감당하고 있는 것입니다. 학교를 기반으로 하는 특별활동에 이들 학생이 참여하도록 허용하는 것은 부당하다, 또는 공립학교 운영에 부담이 된다고 말하는 것은 옳지 않다고 보입니다. 왜냐하면 그 부모들도 재산세를 납부하고 있기 때문입니다.

앨라배마 주는 아직 홈스쿨러들의 공교육체제 접근을 위한 법률이 명문화되지 않았다. 이에 따라 동등한 접근equal access을 목표로 하는 한 민간단체(Alabama EqualAccess, www.timtebowbill.com)는, 플로리다 주의 홈스쿨러이자 미식축구 영웅인 팀 티보Tim Tebow[2]의 이름을 딴 '팀 티보 법안'의 통과를 위해 노력하고 있다. 이 단체는 티보에게 도움을 준 플로리다 주처럼, 홈스쿨러들이 개인적 필요에 따라 공립학교의 스포츠 및 음악 밴드 등 특별활동 프로그램에 참여할 수 있어야 한다고 주장하고 있다. 이들은 학생 일인당 공교육비를 고려할 때 앨라배마 주의 2만 5천 명 홈스쿨러들이 매년 약 1억 6천만 달러의 재정을 절감한다고 주장한다. 대부분 학교의 스포츠 팀이나 밴드는 홈스쿨러를 추가로 받아들인다고 해서 추가적으로 학교 재정이 들어가지도 않는데, 접근을 금

---

2) 초·중등학교 과정을 홈스쿨링으로 마친 팀 티보는, 플로리다 주의 자유로운 법으로 인하여 니즈 고등학교 미식축구 팀에서 선수로 활약할 수 있었다. 이후 플로리다 대학에 진학하여 플로리다 게이터즈 팀의 스타 쿼터백으로 활약했다. 그는 대학 2학년인 2007년에 최우수 미식축구 선수에게 수여하는 하이즈만 트로피를 거머쥐었고, 그밖에도 최우수 선수에게 수여하는 또 다른 상인 맥스웰 상을 2007년과 2008년도에 연속으로 차지하면서 미식축구의 영웅으로 떠올랐다. 이 업적으로 그는 홈스쿨러의 고교 특별활동 참여의 합법화를 위한 운동에서 정치적 상징으로 떠올랐다.

지하는 것은 정당하지 않다고 지적한다. 그러나 앨라배마 주의 경우 4년간이나 '팀 티보 법안'의 통과를 위해 투쟁했으나 아직도 의회의 의결을 거치지 못하고 있다. (참고로 2009년 1월에 같은 취지의 또 다른 '티보 법안'이 켄터키 주에서는 도입되었다.)

홈스쿨러인 플레크닉(Plecnik, 2007)도 아직 공립학교 프로그램 홈스쿨러의 참여가 합법화되어 있지 않은 노스캐롤라이나의 법규는, 사립학교 교육과 공립학교 교육에 대한 동등한 접근을 허용하는 주의 헌법과 상위 법률에 위배된다고 주장한다. 그에 의하면, 홈스쿨러들이 공립학교에 시간제로 등록하는 것을 금지하려면, 이들의 시간제 등록이 정부가 반드시 지켜야 하는 이해관계에 해를 끼친다는 것을 증명해야 하는데, 이는 거의 불가능한 일이라는 것이다. 따라서 그는 노스캐롤라이나의 현행 법규는 수정되어야 한다고 강력하게 주장한다.

위에서 살펴보았듯이, 홈스쿨러가 공립학교의 자원과 서비스에 접근할 수 있도록 허용해야 한다고 주장하는 입장에 서 있는 사람들은 홈스쿨링 가정도 지역사회의 일원으로서 공립학교에 자녀를 보내는 가정과 똑같이 세금을 납부하고 있다는 사실을 강조한다. 즉 이 세금은 지역의 공립학교를 위해 사용되며 따라서 병원, 도서관, 공원 등 공공기관의 출입을 금지하는 것이 부당한 것처럼, 이들이 공립학교 프로그램에 접근하지 못하도록 막는 것도 부당하다는 것이다. 이들은 특히 홈스쿨링을 하면서 부족하기 쉬운 분야인 체육의 경우, 공립학교의 특별활동을 통해 충족할 수 있도록 해야 한다고 주장한다.

반대 입장

한편, 반대하는 입장에 서 있는 사람들의 목소리 또한 만만치 않다. 예컨대, 럿저스Rutgers 법과대학의 콜브(Colb, 2005) 교수는 홈스쿨러들도 세금을 내기 때문에 공립학교 프로그램에 참여할 수 있어야 한다는 주장에 강력하게 반대하고 있다. 그녀는, 자녀가 없는 사람과 자녀가 이미 성인이 된 사람도 세금을 낸다는 점에서 세금 납부는 학교에 내는 수업료하고는 다른 일이라고 본다. 그리고 공립학교의 일부 프로그램만 활용한다면 공교육 전체의 공헌과 노력에 대한 가치를 인정하지 않을 뿐만 아니라, 학교에 대한 학생의 책임감을 떨어뜨리는 결과를 가져오는 문제가 있다고 보았다. 국민의 세금으로 무상교육을 실시하는 공립학교는 학생과 학부모에게 많은 혜택을 주고 있는 것은 사실이나, 그러한 혜택을 얻기 위해서는 감당해야 할 의무도 있다는 것이다. 그녀는 홈스쿨링 가정이 학교와 지역사회에는 헌신하지 않으면서 학교를 개인의 사적인 이익을 위해서만 활용하고자 하는 태도, 즉 '우리는 학과 측면이나 도덕성 측면에서는 학교가 싫다. 다만 학교의 농구팀이 필요할 뿐이다'라는 태도를 용납할 수가 없다는 것이다. 이에 대하여 일부 홈스쿨러들은 공립학교의 특별활동은 수학, 과학 등 교과과정과는 별도의 과정이고 공립학교 학생들에게도 선택 사항으로 운영되기 때문에, 이것을 개방하는 것은 별 문제가 되지 않는다고 주장하면서 맞서고 있다.

「워싱턴포스트」의 칼럼니스트인 프레스톤 윌리암스(Preston Williams, 2008)는 홈스쿨러를 공립학교 스포츠 팀에서 뛰게 허락하는 경우, 성적이 모자라 퇴학당한 학생이 홈스쿨러의 이름으로 선수로 활약할 가능성도 있다고 하면서 접근을 허락해서는 안 된다고 주장하고 있다. (미국 공립학교에서 선수로 활약하려면 출석, 성적, 품행 등의 일정 기준을 충족시켜야 한다.) 그는 홈스쿨링을 선택한 부모는 종교적 이유, 학업 능력 부진, 뛰어난 학업 능력, 공립학교에 대한 불만 등 다양한 이유로 공립학교를 떠난 사람들로, 공립학교의 정규 교과과정뿐만 아니라 스포츠를 포함한 특별활동에서도 함께 떠났다고 보아야 한다는 것이다. 공립학교의 스포츠 활동은 교실 수업의 연장이기 때문이다. 그는 홈스쿨러가 체육 활동을 할 수 있는 다른 방법, 예컨대 홈스쿨링 리그, 교회 리그, 레크리에이션 리그 등이 있는데, 굳이 공립학교 스포츠 팀을 활용하고자 하는 것은 개인적 욕심이라고 본다. 끝으로, 윌리엄스는 공립학교의 프로그램에 참여하는 것을 허락하면 정부의 간섭도 증가할 텐데, 홈스쿨러들도 이것은 원치 않는 게 아니냐고 반문하고 있다.

한편, 일부 홈스쿨러들도 공립학교와의 협력이 홈스쿨링의 본래 취지에 어긋나는 것이라고 반대하고 있다. 예컨대 자기 자녀들을 홈스쿨링하고 있는 델프(Delp, 2006)는 가정 관련 주제를 다루는 한 블로그(families.com)에서 대부분의 홈스쿨러들과는 달리 다음과 같이 반대의 목소리를 내고 있다.

홈스쿨링도 사립학교처럼 하나의 선택이며, 모든 스쿨링 선택에는 찬성과 반대가 있다. 나는 홈스쿨러들이 자신의 필요를 충족시키기 위해 공립학교로 돌아가기보다는 다른 방법을 찾으면 좋겠다. 공립학교의 자원을 활용하게 되면 홈스쿨링 공동체 전체에 영향을 미칠 수 있는 (정부) 통제의 끈이 따라오게 되어 있다. 공립학교 밖에도 홈스쿨러들이 활용할 수 있는 자원은 얼마든지 있다.

…… 홈스쿨링 가정들은 자녀가 공립학교 팀에서 선수로 활약하게 되는 경우 추가적인 시험 등을 포함하여 선수 자격을 갖추기 위한 조건을 충족시켜야 한다는 사실을 반드시 기억해야 할 것이다. 다른 곳이라면 이런 사항에 대해 신경 쓰지 않아도 된다.

위에서 살펴보았듯이, 홈스쿨러들이 공립학교의 자원에 접근하는 것을 허용해서는 안 된다고 주장하는 사람들 가운데에는 홈스쿨링 자체에 대해 부정적인 생각을 가지고 있는 일반인도 있지만, 홈스쿨링에 직접 참여하고 있는 사람들도 있다. 특히 후자의 경우, 홈스쿨링의 본래 취지를 훼손하지 않기 위해서는 공립학교와의 손을 완전히 끊는 게 좋다는 입장을 견지하고 있다. 이들은 작은 것, 즉 공립학교 서비스를 얻으려다가 더 큰 것, 바로 자유를 잃을지도 모른다고 경고하고 있다. 이들은 정부의 서비스란 늘 규제의 끈이 뒤따라온다는 사실을 잊지 말아야 한다고 주장한다. 웬만한 자료는 공립학교가 아니라도 구할 수 있는 것들이므로 선택에 대한 책임을 진다는 점에서도 홈스쿨링 가정 스스로 노력하는 게 바람직하다는 것이다. 〈표 7-1〉은, 공립학교 서비스를 이용할 수 있는지 여부를 잘 모르는 학부모도 있지만, 상당수 홈스쿨링 가정은 공립학교의 다양한 서비스를 이용할 수 있다는 사실을 알고 있음에도 이용하지 않고 있음을 보여준다. 이 조사가 1995년에 이루어진 것임을 고려할 때, 지금은 공립학교 서비스에 대한 이용 여부를 모르는 홈스쿨링 가정의 비율은 감소했을 것으로 생각된다. 그러나 홈스쿨변호협회가 공교육체제와의 협력에 대해 부정적인 입장을 견지하고 이에 동조하는 보수적인 기독교 홈스쿨링 가정들은 여전히 공교육체제와 어떠한 협력도 거부하고 있다는 점에서, 공립학교 서비스를 이용할 수 있음을 알면서도 이용하지 않는 홈스쿨링 가정의 비율은 별로 감소하지 않았을 것으로 생각된다.

<표 7-1> 홈스쿨링 가정이 이용할 수 있는 공립학교 자원과 이용 실태

(단위 : %)

서비스	이용 가능하고 이용함	이용 가능하나 이용하지 않음	이용 가능하지 않음	이용 가능 여부 모름
성취 검사	14	44	6	37
필수 교과	14	47	10	30
교과서	13	30	14	43
도서관	11	32	10	43
스포츠 프로그램	8	38	14	41
현장 수업	5	16	16	63
건강 진단	4	19	12	65
클럽활동	4	20	11	65
특별 강좌	3	28	10	59
상담	3	20	11	65
심리학적 서비스	1	18	10	70

주: 반올림으로 인하여 합계가 100을 넘을 수도 있음.

출처: Mayberry, M., Knowles, J. G., Ray, B., & Marlow, S. (1995). *Home schooling: Parents as educators*. Thousand Oaks, CA: Corwin Press, Inc.. 이혜영(역)(1997). 미국의 홈스쿨링. 서울: 박영률출판사. p. 112.

논의

홈스쿨러들에게 공교육체제의 각종 서비스에 접근할 수 있도록 허용하는 것은 분명 모든 아동에게 질 높은 교육을 무상으로 실시하여야 한다는 공교육 이념에 부합하는 측면이 있다. 그러나 공립학교가 모든 홈스쿨링을 무조건 지원해야 하는 것은 아니다. 사실 특정 인종이나 종교에 배타적으로 실시하는 홈스쿨링은 공적으로 지원하지 못하도록 되어 있다. 다시 말하면, 1971년도 이후에는 소위 레몬Lemon 검사를 통과한 경우에만 사립학교나 홈스쿨링에 공적 지원을 할 수 있도록 되어 있다. 레몬 검사에 의하면, 다음과 같은 조건을 충족시킨 경우에만 공적 지원이 가능하다. 첫째, 확실하게 세속적인 목적을 위한 것이어야 하고, 둘째, 특정 종교의 가치를 훼손하거나 증진시키고자 하는 것을 일차적인 목적으로 지녀선 안 되며, 끝으로, 지원 결과 정부와 종교의 과도한 밀착을 가져와서는 안 된다(손희권, 1998).

한편, 공교육체제가 홈스쿨러들에게 공립학교의 서비스를 제한하는 것이 그들의 헌법적 권리까지 제한하는 것은 아니라는 점을 인식할 필요가 있다. 대부분의 법적 논쟁의 경우, 법원은 공적 서비스를 거절했다고 하여 그 자녀들을 다른 방식으로 교육하는 것 자체를 금지하지는 않는다는 판결을 내리고 있다. 즉 학교에 자녀를 출석시키는 것은 헌법적인 권리가 아니라고 보는 것이다.

그럼에도 양자 사이의 협력은 가시적으로 증가하고 있다. 이는 〈표 7-2〉에서 알 수 있듯이, 기본적으로 많은 홈스쿨링 가정이 자녀의 교육적 필요를 충족시키기 위해 공교육체제에 도움을 요청하고, 이것을 공립학교가 수용하기 때문이다. 아울러 홈스쿨러들이 능동적으로 공교육체제가 제공하는 서비스를 활용하도록 공교육체제의 입장에서 적극적으로 노력하는 덕분이기도 하다. 특히 후자는 홈스쿨러들이 증가하면 공교육체제의 재정이 손실된다는 사실과 부분적으로 관련이 있다.

<표 7-2> 홈스쿨링 부모들이 공교육체제로부터 받고 싶어 하는 서비스

(단위 : %)

서비스 유형	필요함을 느낌	원하지 않음	결정 못함
자녀의 특별활동 참여	81	9	10
공(사)립학교 정규 교과과정 참여	76	10	14
학교 도서관/자료 이용	64	17	19
교육청 관련 없는 교사로부터 도움받음	49	21	30
교육청 정식 교사로부터 도움받음	33	38	29
홈스쿨링에 적합한 방법에 대한 안내	60	21	18
가족, 친구, 교회, 지역사회로부터 지원/격려	92	4	4
홈스쿨링 가정에 대한 지원 조직	86	5	9
보다 조직화된 주 수준의 홈스쿨링 관련 조직	61	20	19
홈스쿨링에 이용할 수 있는 연구	72	9	19

주 : 반올림으로 인하여 합계가 100을 넘을 수도 있음.
　　반응은 5단계 리커트 척도로 측정했으며, %는 '매우 찬성과 찬성', '매우 반대와 반대'를 합하여 산출했음.
출처 : Mayberry, M., Knowles, J. G., Ray, B., & Marlow, S. (1995). *Home schooling: Parents as educators.* Thousand Oaks, CA: Corwin Press, Inc.. 이혜영(역)(1997). 미국의 홈스쿨링. 서울: 박영률출판사. p. 116.

2 홈스쿨링과 공교육체제의 협력 유형과 사례

　　홈스쿨링의 합법화에 반대했던 많은 교육청들이 최근 들어 어떻게 하면 홈스쿨러들을 공교육제도 안으로 끌어들일 수 있을지 고민하고 있다. 이것은 합법화 이후 홈스쿨링을 선택하는 학생들이 증가함에 따라 학생 일인당 교육비에 연동되는 교육재정 수입이 감소하고 있기 때문이다. 따라서 대부분의 주들은 다양한 방식으로 홈스쿨러들을 위한 프로그램을 제공하고 있다. 이 프로그램은 정규학교 안에서 이루어지기도 하고 학교 밖의 학습센터를 통해 이루어지기도 한다. 어떤 경우든 홈스쿨러들이 공교육체제에 부분적으로 참여하게 되면, 해당 교육청은 공립학교 학생에게 지불하는 교육비의 일정 비율(예: 1/4)에 해당하는 교육비를 지원받는다. 다음은 홈스쿨링과 공교육체제의 협력 유형과 사례를 소개한 것이다.

이중 등록dual enrollment

가장 널리 활용되는 것은 홈스쿨러들이 일반 공립학교에 시간제로 등록해 필요한 과목을 이수하는 방법이다. 특히 홈스쿨링 가정은 특정 과목에 스스로 해결할 수 있는 자원이나 실력이 부족한 경우 정규학교의 도움을 받고 싶어 한다. 위에서 살펴보았듯이, 교육청이 이러한 요청을 처음부터 환영한 것은 아니다.

오클라호마 주 거트리 교육청은, 공립학교에서 두 과목(합창과 수학)을 수강하고 싶어 하던 홈스쿨러 애니 스완슨의 요청에 대하여 공립학교는 무조건 전일제로 등록해야 한다는 이유로 거절했다. 이에 스완슨 가정은 교육청을 고발했고, 스완슨 대 거트리(Swanson v. Guthrie, 1998) 사건에서 원고 측은 공립학교에 시간제 등록을 허용하지 않는 것은 자녀에 대한 교육권을 침해하는 것이라고 주장했다.

그러나 오클라호마 교육위원회는 홈스쿨러가 공립학교에 시간제로 등록하는 경우 이에 대한 추가적인 재정 지원이 없는 한 이들을 받아들일 수 없다는 입장을 견지했다. 더 나아가, 주 교육위원회는 스완슨의 이중 등록을 허용하는 선례를 남길 경우, 공립학교 시설 활용을 요구하는 사립학교 학생들에 대해서도 금지할 수 없을 것이라며 우려했다. 결국 스완슨이 공립학교에서 일부 과목을 수강하는 것은 허용되지 않았다. 미국의 제10차 연방고등법원에서도 홈스쿨러의 공립학교 시간제 등록을 금지한 교육청의 손을 들어주면서 하위 법원의 기각 결정을 지지해 주었다.

그러나 이와 관련된 법적 논쟁 끝에 지금은 홈스쿨러의 정규학교 시간제 등록, 즉 이중 등록을 허용하는 주가 점차 늘고 있다. 공립학교에 전일제로 다니고 있는 학생들에게 피해를 주지만 않는다면, 홈스쿨러들이 자신들의 고유한 교육적 필요를 충족시키기 위해 공립학교에 시간제로 등록하는 것이 문제가 되지 않는다는 입장이 점점 더 설득력을 얻고 있다. 예컨대, 유타 주는 사립학교 또는 홈스쿨링 학생의 공립학교 이중 등록을 법률적으로 허용하고 있는데, 주요 규정은 다음과 같다 (Utah Code §53A-11-102.5).

첫째, 정규 사립학교 또는 홈스쿨링을 통하여 어린이를 보호하고 있는 사람은 이중 등록을 목적으로 그를 공립학교에도 등록시킬 수 있다.

둘째, 학생은 그의 학년이나 나이에 맞추어 공립학교의 어떤 학과 프로그램에도 참여할 수 있다. 이때 그는 활동에 참여하는 전일제 학생에게 적용되는 똑같은 규정과 요건을 따라야 한다.

셋째, 53A-11-101과 53A-11-102 항에 규정된 사항 이외에는, 공립학교 학생도 사립학교나 홈스쿨링에 이중 등록할 수 있다.

넷째, 이중 등록 프로그램에 등록된 학생은 공립학교 프로그램 참여 정도에 따라 주 정부의 재정 지원 기준이 되는 학교구의 학생으로 간주된다.

실제로 미국 교육부 산하 교육통계센터가 표본조사를 통해 발표한 자료에 따르면, 2007년에 홈스쿨러 150만 명 가운데 17만 3천 명(11.5%)은 홈스쿨링을 하면서 주당 9시간 이내의 시간제 등록으로, 6만 9천 명(4.6%)은 주당 9~25시간의 시간제 등록으로 학교에도 다니고 있었다(Planty 등, 2009).

교과서 및 교육자료의 공유

원칙적으로 교육청은 비공립학교나 홈스쿨러들에게 교과서, 교과과정, 기타 교육자료를 제공해야 할 의무는 없다. 그렇다고 교육청이 이러한 지원을 절대로 해서는 안 된다는 것은 아니다. 많은 주들의 경우, 홈스쿨러들에게 교과서를 대여하고 있으며, 공립학교 안에 있는 컴퓨터센터, 도서관 시설 등을 개방하여 활용하도록 하고 있다. 더 나아가 학교 밖에 학습센터 또는 홈스쿨 자료센터를 설치하여 홈스쿨러들이 자유롭게 각종 교육자료를 활용하도록 하거나, 그곳에서 일부 과목을 직접 제공하여 수강하도록 하고 있다.

예컨대, 메인 주는 홈스쿨러도 다음 요건이 충족되는 경우 공립학교의 교과서와 도서관 책 등을 활용할 수 있도록 규정하고 있다(Maine Revised Statutes 20-A §5021).

첫째, 정규 학생, 직원, 또는 특별 프로그램 기능을 방해해서는 안 된다.

둘째, 홈스쿨링 학생의 도서관 책 대출 기간은 정규 학교 학생과 똑같다.

셋째, 교과서는 대출 기간을 일 년을 넘지 못한다.

넷째, 홈스쿨링 학생의 학부모 또는 보호자는 도서관 책과 교과서를 분실
  하거나 반납하지 않았을 때, 또는 손상했을 때 이에 대한 변상을 해
  야 한다.

교육청이 사립학교나 홈스쿨러들에게 교과서나 교육자료를 제공하는
경우에도 위에서 살펴본 레몬 검사의 영향을 받을 수밖에 없다. 그러나
레몬 검사를 구체적으로 적용하고자 할 때, 기준이 명확하지 않은 경우
가 많아 교육청의 재량에 따라 결정되기도 한다. 그러나 어떤 경우라도
각 주의 헌법 관련 판결을 고려해야 할 것이다. 예컨대 미주리 주의 대
법원은 사립학교에 대한 지원이, 종교적인 목적이든 세속적인 목적이든
사립학교에 대해서는 정부의 공적 자금에서 지원하지 못하도록 규정하
는 헌법의 규정을 어기고 있는 것이라고 판결했다. 반면에 네브래스카
주 대법원은 사립학교 학생들에게 교과서를 빌려주는 것이 비공립학교
에 대한 공적 지원을 금하는 헌법의 규정에 위배되지 않는다고 판결했
다(Schwartz, 2008).

체육 및 특별활동 참여

운동을 좋아할 뿐만 아니라 특별한 재능이 있는 홈스쿨러 중에 공립
학교에서 선수로 뛰기를 원하는 경우가 종종 있다. 그러나 홈스쿨러의
공립학교 체육 활동 참여 허용 여부는 여전히 뜨거운 감자이다. 납세하
는 시민으로서의 권리라는 주장과 일종의 특권이라는 주장이 팽팽히 맞
서는 가운데 법원은 지역에 따라 엇갈리는 판결을 내놓고 있으며, 주별

로 이에 대한 정책이 다른 게 사실이다.[3]

　예컨대, 미시간 주 대법원은 홈스쿨러가 공립학교의 특별활동에 참여하지 못하도록 한 케노와 힐스Kenowa Hills 학교구의 손을 들어준 하위 법원의 기각 결정을 지지하는 판결을 내렸다. 이 사건에서 해당 홈스쿨링 가정은 공립학교 특별활동에 참여하지 못하도록 하면, 대학 진학 시 체육 장학금을 지원할 수 있는 기회를 놓치게 된다고 주장했다. 그러나 미시간 주 대법원은 홈스쿨러가 공립학교의 특별활동 프로그램에 참여하기를 원할 때 반드시 받아들여야 한다는 법규도 없을 뿐만 아니라, 종교적 차별이나 동등 보호 위배도 없기 때문에 하위 법원의 기각 결정을 지지하는 판결을 내렸다(Reid v. Kenowa Hills Public Schools, 2004). 법정에서는 체육 특별활동 프로그램이 '비핵심' 과목으로 홈스쿨러들이 여기에 참여하는 것은 권리가 아니라 특권이라고 본 것이다. 실제로 공립

---

3) 2008년 6월 30일 현재, 홈스쿨러들이 공교육체제의 각종 프로그램과 서비스에 참여할 수 있도록 허용하는 몇몇 주의 관련 규정을 살펴보면 다음과 같다(Schwartz, 2008, Appendix C).
　아리조나 주: 홈스쿨러가 홈스쿨링에서 수업을 만족스럽게 진행하고 일정 수준의 성적을 유지하는 경우, 이들은 공립학교의 모든 프로그램과 요소에 참여할 수 있다.
　플로리다 주: 홈스쿨러들에게 이중 등록을 허용한다. 또한 거주 요건과 학문적 기준을 충족시키는 경우 홈스쿨러는 공립학교의 특별활동에 참여할 수 있다.
　일리노이 주: 지역 교육청이 허용 여부에 대한 최종 결정권을 지니고 있지만, (홈스쿨러를 포함한) 비공립학교에 재적하고 있는 학생들은 공립학교에 시간제로 등록하여 수업을 들을 수 있다. 더 나아가 고등학교 운동경기협회는 지역 교육청에 홈스쿨러들의 운동 참여 허용 여부를 결정할 수 있는 권리를 부여한다.
　아이오와 주: 일정 수준 이상의 사적 교육을 받고 있는 학생들은, 일정 여건을 충족하는 경우 공립학교의 이중 등록 프로그램에 등록하거나 특별활동에 참여할 수 있다.
　펜실베이니아 주: 홈스쿨러들은, 일정 요건을 충족시키는 경우 클럽, 공립학교의 뮤지컬, 앙상블, 운동 팀, 연극 제작 등을 포함한 어느 활동에도 참여할 수 있다.
　유타 주: 홈스쿨러들이 공립학교의 교과 및 특별활동에 참여하는 것을 허용한다.
　워싱턴 주: 지역 교육청은 홈스쿨러들을 공립학교에 시간제로 등록시켜야 한다.

학교 스포츠 팀이나 클럽 활동에 홈스쿨러들의 참여를 금지하면서 시작된 대부분의 법적 사건에서 교육청과 관련 체육회가 승소했다(Cooper & Sureau, 2007).

그럼에도 최근 들어 체육 활동에 참여하는 것을 허용하고 있는 학교 구가 증가하고 있다. 물론 이 경우에도 홈스쿨러들은 몇 가지 조건을 충족시켜야 한다. 특히 공립학교의 운동선수로 활약하기 위해서는 '기준 통과 못하면 시합 금지no-pass, no-play'라는 원칙에 따라 공립학교 학생들에게 적용하는 최소한의 수업과 학점을 유지해야 한다. 따라서 공립학교 운동선수로 활약하기를 원하는 홈스쿨러들은 홈스쿨링에서 공부한 것을 정규 수업과 동등한 것으로 인정받아야 할 뿐만 아니라, 주 정부가 실시하는 시험에서 일정 수준 이상의 점수를 유지해야 한다.

운동선수로 활약하기 위한 것이 아닌 일반 특별활동의 경우에는 홈스쿨러들의 참여가 비교적 용이한 편이다. 개별적으로 수행하기 힘든 현장학습, 음악, 과학, 미술 등의 특별활동에는 대부분의 공립학교가 홈스쿨러들의 참여를 허용하고 있다.

8 장

홈스쿨링과 사이버 차터스쿨의 정치학

사이버 차터스쿨은 역사가 그리 오래되지는 않았으나, 차터스쿨 개혁운동의 일환으로 조용히 성장하고 있으며 학교 선택, 자율, 경쟁 등을 지향하는 최근 미국의 교육개혁과 관련하여 가장 중요한 화두 가운데 하나이다. 공립과 사립의 혼혈이라고 할 수 있는 새로운 학교로 차터스쿨이 도입되면서 이미 기존 공교육제도와 갈등이 생겼지만, 컴퓨터와 인터넷을 주요 교수-학습 방법으로 활용하는 사이버 차터스쿨의 등장으로 일어나는 갈등은 그 양상을 달리한다. 특히 전통적인 차터스쿨에 대해서는 별로 관심을 보이지 않았던 홈스쿨러들이 사이버 차터스쿨에 대거 참여하면서 공교육제도의 내부뿐만 아니라 홈스쿨링 집단 내부에서도 가치관과 이해관계의 상충으로 갈등이 심화되고 있다. 8장에서는 사이버 차터스쿨을 둘러싸고 벌어지는 정치적 역학관계의 변화를 교육행정체제 내부의 갈등과 홈스쿨링 집단 내부의 갈등으로 구분하여 살펴보고자 한다.

1 차터스쿨, 사이버교육, 그리고 사이버 차터스쿨

차터스쿨의 개념과 전개

차터스쿨은 1991년 미네소타 주에서 관련법이 통과된 후 1992년에 처음 시작된 이래, 이를 허용하는 주가 계속 증가하여 현재는 미국 40개 주와 워싱턴D.C.가 차터스쿨법을 지니고 있다.[1] 2004년 현재 전체 차터스쿨 학생 가운데 약 10%가 사이버 차터스쿨[2]에 재학하는 것으로 추산된다(Huerta, Gonzales, & d'Entremont, 2006). 각 주의 차터스쿨법은 이를 허용하는 과정에 주도적 역할을 수행한 집단과 반대한 집단, 추구하는 가치, 해당 지역의 정치적 맥락 등에 따라 내용이 매우 다양하다 (Bomotti, Ginsberg, & Cobb, 1999; Murphy & Shiffman, 2002). 개별 학교가 누릴 수 있는 자율성의 정도에 따라 차터스쿨 설립·운영에 순위를 매기고 있는 교육개혁센터(Center for Education Reform, 2008)에 따르면 미네소타, 워싱턴D.C., 미시간, 애리조나, 캘리포니아 등 21개 주의 차터스쿨법은 엄격한 반면 아이오와, 미시시피, 로드아일랜드, 버지니아 등은 느슨한 편이다.

---

1) 아직 차터스쿨을 허용하지 않고 있는 10개 주는 앨라배마, 켄터키, 메인, 몬태나, 네브래스카, 노스다코타, 사우스다코타, 버몬트, 워싱턴, 웨스트버지니아 주로서 대부분 농촌을 기반으로 하는 주들이다.

2) 사이버 차터스쿨은 사이버교육을 차터스쿨에 적용한 학교이다. 사이버교육을 가리키는 용어처럼, 사이버 차터스쿨도 특징과 지역에 따라 virtual charter school, online charter school, nonclassroom-based charter school, e-school 등 다양하게 불리고 있으나, 여기에서는 사이버 차터스쿨이라는 용어로 통일하여 사용하고자 한다.

사이버 차터스쿨은 차터스쿨의 특징, 즉 공적 재정을 지원받는 공립학교지만 각종 규제로부터 자유롭게 운영하는 독립학교의 특성을 고스란히 지니고 있으면서, 전통적인 차터스쿨과는 달리 학생이 가정에서 인터넷과 컴퓨터 등 정보통신 기술을 활용하여 학습하는 학교이다. 다시 말하면, 사이버 차터스쿨은 정치적·학문적으로 뜨거운 논쟁을 불러일으킨 차터스쿨, 정보화 시대를 맞이해 첨단 정보통신 기술을 교육에 활용하고자 하는 국가적·기업적 필요가 반영된 사이버교육, 그리고 합법화 이후 정치적 영향력이 점점 증대되고 있는 홈스쿨링이 만나는 지점에 자리한다. 차터스쿨은 교사 집단 또는 다른 운영 주체가 교육청과의 계약에 의해 자율적으로 학교를 설계, 운영하되 일정 기간(3년 내지 5년) 운영한 평가 결과에 따라 지위 존속 여부를 결정한다. 일부 주는 차터스쿨 숫자에 제한이 없지만, 더 많은 주들은 주 전체 또는 학군 내 차터스쿨의 비율 또는 숫자를 제한하고 있다. 부모와 학생이 학교를 선택하며, 지원자가 넘치는 경우 대체로 추첨을 통하여 입학을 허가한다(송기창, 2007; 임연기·신상명, 1999; Buechler, 1996; Finn, Manno, & Vanourek, 2000; Murphy & Shiffman, 2002).

차터스쿨은 교원노조, 교육위원회, 교육행정가, 이해집단 등의 반대에도 불구하고, 1994년 미국학교개선법Improving America's Schools Act, 2001년 아동낙오방지법No Child Left Behind Act 등의 영향, 연방 정부의 행·재정 지원, 학부모들의 학교 선택권에 대한 인식 증가, 흑인분리주의자들 및 인권운동가들의 찬성, 학교에 경제 논리를 도입해야 한다고 믿고 있는 집단(예: 기업, 경제학자, 일부 언론 등)의 지원 등으로 빠르게 증가해 왔다. 2008~2009년에 약 4,600개 학교에 약 140만 명의 학생이 재학하고 있으며, 이는 전체 공립학교 재학생의 약 3%에 이른다. 일반 공립학교 대비 차터스쿨의 비율이 가장 높은 주는 애리조나로 9%이고, 높은 시는 뉴올리언스로 55%에 달한다. 차터스쿨은 주로 도심 지역에 있으며, 재학생의 약 60%는 소수민족 출신으로 구성되어 있다. 학생 일인당 교육비는 일반 학교구의 78%로 다소 낮은 수준의 재정으로 운영되는데, 그 이유는 주로 시설비를 충분히 지원해 주지 않기 때문으로 보고되고 있다(Murphy & Shiffman, 2002; National Alliance for Public Charter Schools, n.d.; Vegari, 2007).

미네소타 주에서 처음으로 차터스쿨을 도입하는 데 직접적으로 영향을 미친 연구는 레이 버디(Ray Budde, 1988)의 「차터에 의한 교육: 학교구의 재구조화 *Education by Charter: Restructuring School Districts*」로 알려져 있다. 차터스쿨에 대하여 1975년부터 연구해 온 그의 주장이 사회와 여론의 관심을 받게 된 것은 미국교사노조(American Federation of Teachers, AFT)의 위원장을 지낸 알 생커가 1988년 3월 31일 전국프레스클럽에서 차터스쿨에 관한 연설을 하고 이 내용을 뉴욕 타임스에 두 차례에 걸쳐 홍보한 이후이다(Murphy & Shiffman, 2002; Nathan, 1996; Shanker, 1988a, 1988b).

버디나 생커는 교사가 중심이 되고, 계약의 내용도 교육 프로그램에 한정되는 차터스쿨 모형을 그렸다. 그러나 실제로 적용되는 과정에서 차터스쿨은 교사들뿐만 아니라 새로운 아이디어를 가지고 새롭게 학교를 운영하고자 하는 모든 집단이 주체가 될 수 있었다. 계약 내용도 학교 운영 전반으로 확대되는 한편, 교사 자격에 대해서도 융통성을 지니게 되면서, 초기에 차터스쿨을 환영하는 입장이었던 교원노조는 이를 반대하기에 이른다. 학생들의 교육을 독점해 왔던 기존 공교육체제에 몸담고 있는 교원 집단의 입장에서 차터스쿨을 반대하는 것은 자연스러운 현상이라고 할 수 있다.

미국에서 정치적으로 양당의 지원을 받는 몇 안 되는 정책 가운데 하나인 차터스쿨 개혁은 시작된 이후 찬반 논쟁이 끊이지 않았다. 차터스쿨은 자율, 경쟁, 선택, 책무성 등 시장 경제의 원리를 도입하여 공교육 체제에 활력을 불어넣고 경쟁력을 높여야 한다고 믿는 사람들의 지지를 받으면서 성장해 왔다. 이들은 흔히 사립학교 학생들의 학업 성취가 공립학교보다 높은 것은 사학이 누리고 있는 자유와 선택 때문이라고 믿는 경향이 있다(Chubb & Moe, 1990; Murphy, 1996). 그러나 여전히 공통의 가치를 공유하는 민주 시민의 양성을 주목적으로 하는 공교육체제가 자율과 경쟁보다는 평등의 원리에 따라 운영되어야 한다고 믿는 사람들은 시장도 때로는 실패할 수 있으며, 교육 같은 공적 재화의 생산과 공급에는 시장 원리가 적합하지 않다고 주장한다. 이들은 공교육체제에 시장 원리를 도입하면 지역, 인종, 계층 간 분리가 심화될 것으로 보면서 차터스쿨의 효과에 대해서도 회의적인 입장을 취하고 있다(Klein, 2006; Murphy & Shiffman, 2002).

차터스쿨의 효과에 대한 경험적 연구들도 일관성 있는 결과를 제시하지 못하고 있다(정제영·신인수, 2009; Hill, Angel, & Christensen, 2006; National Alliance for Public Charter School, 2007; Vegari, 2007). 미국 교육부와 비영리 기관으로 차터스쿨을 옹호하고 있는 교육개혁센터는 차터스쿨의 효과에 대해 우호적인 결과를 보고하고 있는 반면에, 관련 선행 연구들을 분석한 일부 연구들은(정제영·신인수, 2009; Buechler, 1996; Hill, Angel, & Christensen, 2006), 특히 학생들의 학업 성취에 관한 차터스쿨의 효과를 긍정적으로 결론짓지 못하고 있다. 이것은 차터스쿨이 매우 다양한 형태를 띠고 있어 일반적인 효과를 말하기가 쉽지 않은데다 방법론적으로 비교의 준거를 무엇으로 삼고 비교 대상을 누구로 잡느냐에 따라 다른 결과가 나오기 때문이기도 하다.

한편, 캘리포니아 주의 차터스쿨을 종합적으로 연구한 풀러(Fuller, 2000)는 차터스쿨을 경쟁과 선택 중심의 시장 원리가 적용되는 신자유주의 맥락에서보다는, 학교에 대한 지역과 시민 통제의 원리를 중시하는 참여 민주주의의 입장에서 이해할 필요가 있다고 주장한다. 그는 대부분 지역에서는 학생과 학부모들이 차터스쿨을 통하여 인종적·문화적 동질감을 체험하고자 하는 욕구가 학력을 높여야겠다는 욕구보다 더 크기 때문에, 학업 성취만 가지고 차터스쿨의 효과를 논하는 것은 한계가 있다고 본다.

일관성 있고 믿을 만한 결과가 나오지 않은 가운데, 차터스쿨의 지지자와 반대자는 각각 자기에게 유리한 방식으로 연구 결과를 활용하는 경향이 있다. 이러한 점에서 차터스쿨의 미래는 그 효과를 경험한 결과가 좌우하기보다는 찬성하거나 반대하는 집단의 가치, 이해관계, 자원 동원 능력, 로비 능력에 따라 결정될 가능성이 높다고 할 수 있다(Henig, 2008; Murphy & Shiffman, 2002; Vergari, 2007).

끝으로, 차터스쿨이 새로운 공교육제도의 모형을 제시하고 있음에도 홈스쿨링 가정들은 별로 관심을 보이지 않았던 게 사실이다. 그러나 사이버 차터스쿨, 즉 사이버교육 방법을 활용하는 차터스쿨이 출현하면서 다른 이야기가 전개되고 있다.

사이버교육의 개념과 의의

사이버교육은 원격교육의 하나로 동일한 공간과 시간 안에서 면대면으로 가르치고 배우는 것이 아니라, 사이버 공간에서 시·공간의 제한을 받지 않고 가르치고 배운다. 원격교육은 매체와 정보통신 기술의 발전에 따라 세 단계를 거쳐 성장해 왔으며 사이버교육은 제3단계에 속한다(Garrison, 1989; Peters, 1998). 원격교육의 1단계에서는 편지, 인쇄 교재 등을 우편을 통하여 주기적으로 학습자에게 보내는 방식으로 교육을 실시했다. 2단계는 라디오와 텔레비전 방송 등 대중매체를 본격적으로 활용하면서 일시에 많은 사람을 대상으로 삼으며, 인쇄 매체로는 불가능한 동영상도 보여줄 수 있었다. 영국의 개방대학The Open University, 중국의 광파전시대학TV & Radio University, 우리나라의 한국방송통신대학교 등은 바로 이러한 단계에 태어난 대학들이다. 컴퓨터, 쌍방향 케이블 및 위성 텔레비전, 원격 영상회의, 인터넷 등 첨단 정보통신 기술을 도입하면서 원격교육은 3단계에 들어선다. 이 단계의 특징은 이전과는 달리 교수자와 학습자, 학습자와 학습자, 학습자와 다양한 콘텐츠 사이의 상호작용이 활발하게 일어난다는 사실이다. 특히 인터넷을 기반으로 하는 사이버교육은 시간과 공간의 제약을 극복하면서 쌍방향 원격교육을 가능케 하고 있다.

사이버교육은 원격교육의 한 형태로 그 원리가 그대로 적용된다. 일반적으로 지적되는 원격교육의 특성은 다음과 같다(정인성, 1999; Holmberg, 1989; Moore & Kearsley, 1996; Peters, 1998; Schrum, 2002). 첫째, 학습자와 교수자 간의 '비접촉성 커뮤니케이션' 특성을 지니고 있다. 즉 교수자와 학습자가 같은 공간과 시간에 만나지 않고 교재와 교육 매체로 매개해 커뮤니케이션을 하는 것이다. 둘째, 학습자가 독립적인 상황에서 사용하는 교육자료 즉, '원격교육 교재'를 기초로 한다. 원격교육 교재에는 인쇄·음향·영상 자료, 컴퓨터 코스웨어 등이 포함된다. 셋째, 궁극적으로 '양방향 커뮤니케이션' 교육을 지향한다. 따라서 학습자가 비록 개인 학습용 교재를 가지고 스스로 공부하기는 하지만 면대면 출석 수업, 전화 상담, 인터넷을 통한 질의응답 및 토론, 음성이나 영상 강의 시스템 등으로 상호작용을 강조한다. 넷째, 다수 학생을 대상으로 하면서도 '개별 학습'에 초점을 맞추어 이루어진다. 따라서 학습에 대한 책임이 학습자에게 주어지며, 학습자의 자율성이 매우 중요하다.[3] 끝으로, 형식적인 학교교육과는 다른 '지원 조직'을 필요로 한다. 각종 교재 개발과 학생 지원 서비스 등을 위한 조직이 특히 필요하다.

사이버교육을 제도교육에서 실시할 수 있는 방법은 학교에서의 교수-학습의 한 방법으로 사이버교육을 활용하는 것과, 이를 주로 활용하는 별도 기관을 설립·운영하는 방법으로 구분된다.[4] 여기에서는 주로 미국 사례를 중심으로 후자에 초점을 맞추어 논의를 전개하고자 한다.

---

[3] 원격교육의 이러한 특징으로 원격 학습자는 흔히 '외로운 학습자'로 불리며, 이는 높은 중도 탈락률의 원인이 되기도 한다. 중도 탈락을 막기 위해 논의되는 수단으로는 질 관리체제와 책무성 도입, 면대면 학습 기회 증가, 학습자 지원체제 운영 등이다.

[4] 사실, 전통적인 교육기관도 사이버교육을 보조 수단으로 활용하고, 사이버교육기관도 약점을 극복하기 위해 일부 면대면 교육을 보조 수단으로 활용하고 있어, 양쪽 기관이 모두 블렌디드 러닝blended learning의 형태로 나아가고 있다고 할 수 있다. 캘리포니아 주는 교과과정 가운데 학교 안에서 이루어지는 면대면 교육의 비율이 80% 이상이면 전통적인 학교로, 미만인 경우에는 사이버nonclassroom-based 교육기관으로 구분하고 있다(Guarino, Zimmer, Krop, & Chau, 2005).

드러커(Drucker, 1993)는 정보화 사회에 대응하여 교육의 틀을 바로잡고 최첨단 정보통신 기술을 교육에 도입하는 나라가 미래 지식·정보 사회의 선두주자로 등장하리라고 보았다. 글로벌 정보화 시대를 맞이하여 전 세계의 지도자가 되기를 원하는 미국은, 연방 정부와 주 정부 차원에서 첨단 정보통신 기술을 교육에 적용하는 사이버교육체제를 구축하기 위해 행·재정적으로 적극 지원하고 있다. 학생 수가 급격히 증가하는 지역에서도 비용-효과적인 측면을 고려하여 사이버스쿨을 개설하기도 한다. 한편, 영리를 목적으로 하는 사이버교육 관련 기업도 이러한 흐름에 적극적으로 참여하고 있다.[5]

이에 따라 사이버교육을 실시하는 학교가 증가하고 있다. 2001~2002년도에 88개의 사이버학교에 27만 5천 명이 재학하고 있었다. 사이버스쿨의 몇몇 사례를 들면 다음과 같다. 1994년에 캘리포니아 주에서는 9~12학년 과정을 온전히 온라인으로 운영하는 '선택2000Choice 2000'이 사이버 차터스쿨로 출범했고, 1996년에 연방 정부 교육부의 지원으로 미국 전역에 걸쳐 있는 33개 고등학교 연합으로 가상 고등학교Virtual High School가 설립되었다. 캔자스 주의 위치타 시는 2000년에 홈스쿨러, 중도 탈락자 등을 대상으로 하는 사이버학교eSchool를 설립했다(Klein, 2006). 1997년에 플로리다 교육부는 플로리다 주뿐만 아니라 미국 전역

---

5) 대표적인 기관으로 레이건 대통령 당시 교육부 장관을 역임했던 윌리엄 베넷이 1999년에 설립한 K12(http://www.k12.com)를 들 수 있다. 이 기관은 유치원부터 고등학교까지의 전 과정에 대한 교육 프로그램을 개발해 운영하고 있는데, 공립과 사립 사이버학교뿐만 아니라 홈스쿨러들에게도 제공하고 있다. 특히 사이버 차터스쿨에서는 이 기관에서 제공하는 프로그램을 가장 많이 사용하고 있다. 이 회사는 뉴욕증권거래소에 상장된 기업으로, 우리나라의 경우 민병철 교육 그룹에서 이 기관과 협약을 맺고 교육 서비스를 제공하고 있다.

의 6~12학년 학생을 대상으로 플로리다 가상학교(Florida Virtual School, FLVS)를 설립했으며, 2007~2008년도에 6만 3,675명이 등록했다(Florida Virtual School, n.d.).

사이버교육은 정보 격차digital divide, 저작권, 적정 비용과 부담, 질 관리 및 책무성, 이류 교육 이미지, 높은 중도 탈락률 등 해결해야 할 문제를 안고 있다. 그럼에도 이에 대한 국가적 관심, 첨단 정보통신 기술의 발달, 관련 영리 기관의 참여, 젊은 세대의 높은 컴퓨터 활용 능력, 새로운 수요층의 등장 등으로 사이버스쿨은 기존 공교육체제에 대한 새로운 대안으로 그 가능성을 보여준다고 할 수 있다.

우리나라의 경우 강숙희(2007)의 연구에 따르면 학생, 교사, 학부모는 별도의 사이버학교를 설립하는 것에 대해 학교급이 높아짐에 따라 찬성하는 비율이 높아지고는 있으나, 전반적으로 반대하는 입장이 더 많았다. 아직까지 사이버교육을 기존 학교교육의 보조 수단으로 만족하고 있는 것은 사이버교육이 지니고 있는 한계 때문인 것으로 이해할 수 있다.

사이버 차터스쿨의 등장과 전개

사이버 차터스쿨은 주요 교육 방법으로 컴퓨터와 인터넷을 사용하는 차터스쿨로서, 사이버스쿨과 차터스쿨이 합쳐진 것이다. 전통적인 차터스쿨이 수요를 모두 수용하지 못하는 상황에서 홈스쿨러들마저 관심을 가지자, 사이버 차터스쿨은 등장함과 동시에 선풍적인 인기를 끌었다. 사이버 차터스쿨의 운영 주체가 교육청과 계약을 맺은 민간 부문이라는 점, 정부의 규제로부터 자유롭다는 점, 공적 재원으로 운영되는 공립 학교라는 점 등은 전통적인 차터스쿨과 공유하는 특성이다. 그러나 사이버 차터스쿨이 지니고 있는 다음과 같은 특징, 즉 비교실 수업 같은 교수-학습 방법, 컴퓨터와 인터넷으로 실시간 또는 비실시간 상호작용을 주로 하는 점, 학생의 수업에서 교사는 보조 역할을 할 뿐이고 부모의 역할이 중요하다는 점, 학생 구성이 공립학교 출신뿐만 아니라 사립학교 학생과 홈스쿨러 등 다양하다는 점, 학군의 경계가 무의미하다는 점 등에서 전통적인 차터스쿨과 차별화되고 있다(Anderson, 2003; Huerta, Gonzales, & d'Entremont, 2006; Klein, 2006).

그러나 사실 많은 주들의 경우 초기 차터스쿨 관련 법률 속에 사이버 차터스쿨에 대한 명확한 규정이 없었기 때문에 설립, 인가, 재정 지원, 감독, 책무성 등과 관련하여 논란이 많았다. 2002년에 전체적으로 10개 주가 명백하게 사이버 차터스쿨을 허용하는 법률을 지니고 있었으나, 실제로 운영하고 있는 주는 15개 주였으며, 2004년도에는 25개 주로 증가했다(Huerta, Gonzales, & d'Entremont, 2006; Young, 2004).

점점 더 많은 가정들이 사이버 차터스쿨을 선택하고 있는데, 그 이유는 다음과 같다(Ellis, 2008; Gilroy, 2008; Huerta, d'Entremont, & Gonzales, 2006; Young, 2004). 학생들은 개인의 능력과 적성에 맞추어 개별화된 수업을 받을 수 있고, 융통성 있게 시간 계획을 짤 수 있으며, 제삼자가 미리 개발해 놓은 비교적 양질의 교과과정으로 공부할 수 있다. 또 학부모가 교육 과정을 투명하게 볼 수 있으며, 아이들의 안전을 신경 쓸 필요가 없으며, 무상으로 자녀를 교육시킬 수 있기 때문이다. 그러나 사이버 차터스쿨은 학생의 교육 상황 및 학교 운영 상태, 즉 학교의 질 관리에 대하여 정부가 점검하기가 곤란하다는 점, 교과과정과 수업을 학교가 직접 제공하지 않는다는 점, 활용하고 있는 정보통신 기술의 교육적 적합성과 신뢰성을 확인하기가 어렵다는 점, 적정한 재정 지원 수준이 어느 정도인지 결정하기가 쉽지 않다는 점, 중도 탈락률이 일반학교에 비해 높다는 점 등이 문제로 제기되고 있다(Anderson, 2003, Klein, 2006, Huerta, Gonzales, & d'Entremont, 2006).

끝으로, 전통적 차터스쿨에 별로 관심을 보이지 않던 홈스쿨링 가정들이 사이버 차터스쿨에 관심을 보이기 시작했다는 점을 지적하고자 한다. 특히 자녀의 교과과정을 직접 짜서 공부시키는 것이 큰 부담이었던 가정과, 외부의 교육자료를 구입하는 데 경제적으로 부담이 되었던 가정에게 사이버 차터스쿨은 일종의 복음이었다고 할 수 있다.

2 교육행정 체제 내부의 갈등

여기에서는 사이버 차터스쿨의 출현으로 주 정부, 지역 교육청, 교사, 학부모 이해집단 사이에 갈등이 첨예하게 드러났던 펜실베이니아 주, 캘리포니아 주, 위스콘신 주의 사례를 중심으로 살펴보고자 한다.

펜실베이니아 주 사이버 차터스쿨의 정치학

펜실베이니아 주는 1997년에 차터스쿨법Act 22을 공포함으로써 미국에서 스물일곱 번째로 차터스쿨을 허용한 주가 되었다. 동참은 다소 늦었으나, 사이버 차터스쿨은 상대적으로 일찍 활성화되어 2005~2006년도에 주 전체 차터스쿨의 11%를 차지하고 있다. 사이버 차터스쿨 학생의 약 60%가 홈스쿨러들이다. 펜실베이니아 주 첫 번째 사이버 차터스쿨은 SusQ라고 불리는 사이버 차터스쿨이었으나, 일부 지역에 한정하여 학생을 모집했고, 규모도 150명밖에 되지 않아 정치적으로 큰 문제가 없었다. 그러나 2000년에 미드랜드Midland 지역에 설립된 두 번째 사이버 차터스쿨인 서부 펜실베이니아 사이버 차터스쿨(Western Pennsylvania Cyber Charter School, WPCCS: 주 전체 학생을 대상으로 하고 있다는 점을 고려하여 후에 이름에서 'Western'을 삭제하고 약자로 PA Cyber로 부름)[6]은 시작한 지 얼마 되지 않아 이해집단 간의 갈등이 첨예하게 대립되기 시작했다. 갈등의 근원은 인터넷을 통한 새로운 교수-학습 방법이 아니라 돈이었다. PA Cyber는 학생 모집에 성공했음에도 개교한 지 얼마 되지 않아 재정 위기에 봉착했다. 그 이유는, 관련 법률에 따라 PA Cyber가 자신들을 선택한 다른 지역 학생들이 거주하고 있는 지역의 교육청(105개 교육청)에 학생들의 일인당 교육비를 이전해 달라고 요구했으나, 약 75%의

---

6) PA Cyber는 설립 이후 나타난 이해집단 간 정치적 역동도 흥미롭지만, 첨단 정보통신 기술을 교육에 적용하면서 경제적으로 위기에 처해 있던 지역사회가 살아났음을 보여 주고 있다는 점에서도 매우 흥미롭다. 미드랜드는 철강 산업의 부흥으로 한동안 경제와 문화의 중심이었다. 그러나 1970년대 후반 이후 철강 산업이 몰락하면서 지역 경제가 쇠퇴하고, 세금 수입과 인구의 감소로 이어졌다. 급기야 시 당국은 1986년도에 고등학교 폐쇄 결정을 내렸다. 미드랜드에서 16킬로미터 떨어진 오하이오 주의 이스트리버풀East Liverpool에서 향후 20년간 학생을 받아 주기로 약속하긴 했으나, 지역사회 입장에서는 매우 수치스러울 수밖에 없었다. 이러던 차에 지역의 뜻있는 인사들이 모여 1997년에 통과된 차터스쿨법을 활용하여 새로운 형태의 차터스쿨, 즉 사이버 차터스쿨을 만들기로 결정했고 2000년에 개교했다. 첫해에 미드랜드 지역 학생 12명을 포함하여 5백 명 이상이 몰려왔고, 2006년도에는 6천 명 이상이 등록하고 있다(Pennsylvania Cyber Charter School, n.d.).

교육청이 이를 거부했기 때문이다. 이로 인하여 PA Cyber가 입은 재정 손실은 약 90만 달러였다. 이에 대응하여 주 정부는 재정 이전을 거부한 교육청에 주 정부의 보조금 85만 달러를 지급 중지하면서 정책결정자, 교육행정가, 교사, 학부모 등 이해집단 간 논쟁을 불러일으켰다(Huerta, d'Entremont, & Gonzales, 2006; Huerta, Gonzales, & d'Entremont, 2006).

결국 2001년 4월 펜실베이니아 학교위원회연합PA School Boards Association은 네 개 지역 교육청과 연합하여 사이버 차터스쿨 자체를 반대하면서 주 정부를 고소하기에 이른다. 이들이 주 정부를 고소하는 이유는 다음과 같았다. 첫째, 차터스쿨법에 의하면 차터스쿨 인가는 오직 지역 교육청이 할 수 있도록 되어 있으나, 사이버 차터스쿨은 주 정부가 직접 인가하고 있다. 둘째, 사이버 차터스쿨을 선택한 지역 학생에게 교육비를 지원함으로써 지역 교육청의 재정 유출이 심각하다. 특히 공교육체제 밖에 있던 사립학교와 홈스쿨링 출신 학생들이 이를 선택함으로써 그들의 교육비까지 부담하게 되어 예산을 초과 지출하고 있다. 또한 지역 출신 학생의 교육비를 교육청의 재정에서 지원하면서도 해당 학생의 교육 상황을 점검할 수 없다는 것은 모순이다. 셋째, 차터스쿨법은 홈스쿨링 가정에 대한 직접 재정 지원을 금하고 있는데, 홈스쿨링과 차별되지 않는 사이버 차터스쿨을 지원한다면 홈스쿨링 가정을 지원하는 것과 마찬가지이다. 또한 사이버 차터스쿨은 물리적 시설을 갖춘 곳에서 직접 교수하고, 교육 활동을 적절한 감독을 해야 한다는 의무취학법 조항과도 맞지 않는다. 이들 주장의 요점은 홈스쿨링을 닮은 사이버 차터스쿨을 공교육으로 인정할 것인가에 있었다고 할 수 있다.

법률적 논쟁은 2002년 6월 각 입장을 부분적으로 수용하는 방향으로 기존 법률Act 22 내용을 일부 수정하여 개정 법률Act 88을 마련하는 것으로 끝이 났다. 새로운 법률이 공포됨으로써 사이버 차터스쿨은 주 정부가 인가하는 합법적인 공립학교임을 인정받게 된 한편, 재정을 이전하지 않은 지역 교육청이 불이익을 받지 않도록 둘 사이에 적절한 의사소통, 즉 '적법 절차due process'를 반드시 따르도록 했다. 구체적으로, 지역의 학생이 사이버 차터스쿨을 선택하는 경우 그 교육청은 학생의 일인당 교육비를 이전할 책임을 지는 대신 계약 내용, 연간 보고서, 학생 명단 등을 확인할 수 있어야 한다. 그리고 주 교육부는 교육비의 30%를 지역 교육청에 변상해 주어야 한다(Gaither, 2008a; Huerta, d'Entremont, & Gonzales, 2006; Huerta, Gonzales, & d'Entremont, 2006).

이렇게 펜실베이니아 주의 정치적 갈등은 일단락되었지만, 여전히 갈등의 불씨는 남아 있다고 할 수 있다. 즉 다음과 같은 문제점이 해결되지 않는 한 사이버 차터스쿨을 둘러싼 이해집단 간의 갈등은 언제라도 표면화될 가능성이 매우 높다(Ellis, 2008; Gaither, 2008a; Huerta, d'Entremont, & Gonzales, 2006; Huerta, Gonzales, & d'Entremont, 2006). 첫째, 사이버 차터스쿨은 인건비, 운영비, 시설비 구조가 다른데도 일반학교와 동일한 교육비를 지원하는 것이 타당한지. 둘째, 사이버교육의 특징을 고려하면서 어떻게 공적 재원으로 운영되는 사이버 차터스쿨 교육의 책무성을 확인할 수 있을지. 셋째, 사이버 차터스쿨에 대한 일차적인 재정 책임을 누가 질 것인지, 즉 주 정부와 지역 교육청의 책임을 어떻게 균형 있게 나눌 수 있을지. (예컨대 60%의 교육비를 지역의 수입으로 충당하는 펜실베이니아 주는, 지역 교육청이 사이버 차터스쿨 학생의 교육비를 부담하게 되면 재원의 손실로 이어질 가능성이 높다.) 끝으로, 홈스쿨러들에게 어떻게 재정을 지원할지. 사이버 차터스쿨에 홈스쿨러들이 많이 들어올수록 기존 예산에 없던 추가 지출이 발생하기도 하고, 공교육 재정으로 홈스쿨링 가정을 지원하는 것이 타당한지에 대한 정치적 합의가 필요하다고 할 수 있다. (이러한 이유로 애리조나 주에서는 사이버 차터스쿨 입학 자격을 공립학교 출신에게만 허용하고 있다.)

캘리포니아 주 사이버 차터스쿨의 정치학

1992년 미국에서 두 번째로 차터스쿨법을 통과시킨 캘리포니아 주에서는 2년 만에 50개 차터스쿨이 생겼고, 그 가운데 25%가 사이버 차터스쿨이었다. 1997년에는 100개의 차터스쿨에 3만 7천 명의 학생이 등록하고 있었는데, 그 가운데 약 50%가 사이버 차터스쿨 학생이었다. 캘리포니아 주에서 사이버 차터스쿨이 급격하게 증가한 이유는 이 학교가 공적 재원으로 운영되는 독립형 공립학교라는 점, 컴퓨터, 인터넷 접속, K12 회사의 질 높은 교과과정 및 교재, 특별활동 프로그램 참가, 학습센터에서 자격 있는 교사들의 면대면 보충 지도 등이 무상으로 제공된다는 점, 학생의 특성에 따른 융통성 있는 학사 운영, 책무성과 관련하여 최소한의 요구만 따르면 된다는 점 등이다. 특히 마지막 사항과 관련하여 공립학교이지만 공립이 아닌 것처럼 운영되기 때문에 종교적인 이유로 홈스쿨링을 하는 가정도 쉽게 홈스쿨 차터[7]를 찾을 수가 있었다. 한편, 초기 단계에서 언론이 새롭게 시작한 홈스쿨 차터의 특징과 장점

---

7) 캘리포니아 주는 사이버 차터스쿨 설립 초기에 학생들이 대부분 홈스쿨링 가정들이었기 때문에 사이버 차터스쿨을 홈스쿨 차터라고 부르기도 한다.

을 홍보했다는 점과 교육청의 입장에서 최소한의 교원으로 많은 학생을 교육할 수 있다는 점도 (초기에는 교원 일인당 150명의 학생) 활성화에 영향을 미쳤다(Huerta, 2000; Huerta, Gonzales, & d'Entremont, 2006; Klein, 2006; Klein & Poplin, 2008).

그러나 시간이 지나면서 홈스쿨 차터를 둘러싸고 관련 이해집단 사이에 논쟁이 뜨겁게 달아올랐다. 주로 문제가 된 것은 공적 자금을 왜 홈스쿨링 가정에 지원하는가, 홈스쿨 차터를 남용하지는 않는가, 지역 교육청이 장사하는 것은 아닌가, 종교적 중립을 지켜야 하는 공교육제도 안에서 종교교육을 실시하도록 하는 것은 합당한가 등이었다.

일반학교와 똑같은 학생 일인당 교육비를 지원받은 홈스쿨 차터들 가운데 일부는, 교수-학습과 직접 관련이 없는 학생 선물비 등으로 지출하기도 했다. 홈스쿨 차터의 방만한 학교 운영에 대한 언론의 보도, 감독과 책무성을 더 강하게 물어야 한다고 주장하는 교육위원회의 요구 등을 반영하여 2001년도에 홈스쿨 차터의 실제 교수-학습 비용을 고려하여 재정을 지원하도록 한 법률SB 740이 공포되기에 이르렀다. 사이버 차터스쿨은 전통적 학교에 없는 비용이 많이 발생하고, 사이버교육의 단점을 극복하기 위한 면대면 수업 시간을 늘리려면 비용이 더 들어간다고 항변했으나, 정책결정자들을 설득시키기에는 역부족이었다. 새로운 법안에 따라 특정 조건[8]을 충족시키지 못하는 경우 기존 예산의 30%까지 삭감하도록 했고, 실제로 상당수 사이버 차터스쿨들이 예산 삭감을

---

8) 전액 재정 지원을 받기 위해서는 공적 수입의 40% 이상을 자격 있는 교원의 인건비로, 모든 수입의 80% 이상을 수업 관련 비용으로 사용해야 한다. 교사 대 학생 비율은 1: 25 또는 사이버 차터스쿨 소재 지역 교육청 관할 학교 중 가장 높은 비율을 넘지 않아야 한다(Guarino, Zimmer, Krop, & Chau, 2005).

감수해야 했다(Guarino, Zimmer, Krop, & Chau, 2005; Huerta, 2000; Huerta, Gonzales, & d'Entremont, 2006).

한편, 책무성과 관련하여 초기의 느슨했던 규정은 점점 더 강화되는 경향을 띠었다. 예컨대 1998년도에 개정된 법률AB 544에 따르면 모든 사이버 차터스쿨 학생들도 주가 정한 표준화 검사에 참여해야 하고, 재정을 지원받으려면 자격 있는 교사를 반드시 채용하도록 했다. 1999년의 법률SB 1999은 사이버 차터스쿨도 일반학교와 같은 양의 수업 시간을 준수하고 출석 기록을 유지하도록 했다. 이렇게 규정이 강화되자 홈스쿨링 가정들은 정부가 풀뿌리 조직을 와해시키고 홈스쿨링을 공교육제도에 편입시키려 한다는 생각을 하게 되었고, 상당수 가정은 사이버 차터스쿨을 탈퇴하기에 이르렀다. 이들은 집단적으로 또는 개인 블로그를 통해 '사이버 차터스쿨은 공립학교이지 홈스쿨링이 아니다'라는 캠페인을 벌이며 홈스쿨링의 초기 정신으로 되돌아갈 것을 촉구하고 있다. 초기에 사이버 차터스쿨은 홈스쿨러들이 약 70%로 압도적이었으나, 최근에는 20% 미만으로 감소했다(Huerta, 2000; Huerta, Gonzales, & d'Entremont, 2006; Klein, 2006).

위스콘신 주 사이버 차터스쿨의 정치학

2003년도에 위스콘신 주 북부 오조키Northern Ozaukee 교육위원회는 주에서 두 번째 사이버 차터스쿨인 위스콘신 가상 학교(Winsonsin Virtual Academy, WIVA)의 설립을 인가했다. WIVA가 있던 지역의 교육청은 WIVA의 교육과정 제공, 직원 연수, 홍보 및 학생 모집을 대행해

준다는 조건으로 K12와 5년간 계약을 체결했다. 그러나 사이버 차터스쿨을 처음 경험하는 지역에 개설된 WIVA는 비판과 공격으로부터 자유롭지 않았다.

첫째, 2004년 위스콘신 주 안에서 가장 큰 교원노조인 전국교육연합 위스콘신 지부WEA가 WIVA의 설립에 반대하는 소송을 제기했다. 이들은 WIVA가 학교 설립에 관련된 주의 법률을 위반하고, '개방 등록' 프로그램을 악용하고 있으며, 자녀교육을 자격 있는 교사 대신 부모에게 맡겼다고 주장했다. 2년간의 법적 논쟁 끝에 교육청이 승소했으나 많은 에너지를 소모해야 했다. 둘째, 또 다른 공격과 비판은 자기 학군의 학생들을 WIVA가 빼앗아 감으로써 재정 손실을 입고 있다고 주장하는 다른 학군의 교육청으로부터 제기되었다. WIVA는 다른 지역 학군에 소속된 학생들의 일인당 교육비로 5,600달러를 주 정부로부터 지원받고 있다. 끝으로, 강력한 반대의 목소리는 일부 홈스쿨링 지지자들로부터 나왔다. 이들은 자기들의 독립성을 위협하고 있을 뿐만 아니라 궁극적으로 정부가 홈스쿨링을 공립학교로 인수하려 한다고 주장했다. 이러한 어려움 속에서도 전체 학생수가 850명밖에 되지 않는 작은 지역에 소재하고 있는 WIVA는 주 전체에서 900명 이상의 학생이 몰려와 공부하고 있다(Harbron, 2006; Klein, 2006).

이러한 사례에 비추어 볼 때 사이버 차터스쿨을 도입하면서 나타나는 이해집단 간 갈등 양상은 주가 처한 상황에 따라 다소 다르게 전개되고 있다. 그러나 공통적으로 나타나는 현상은, 그동안 세금을 납부하면서도 공적 재원을 사용하지 않던 홈스쿨링 집단이 사이버 차터스쿨로 옮겨가면서, 지역 교육청이 공적 재원을 사용하게 됨에 따라 발생한 재정 손실과 통제권 행사 부족 등의 이유로 크게 반발했고(Moe & Chubb, 2009), 이를 무마하려는 방향으로 개선되어 왔다는 점이다. 아울러 공교육을 독점해 왔던 교원 집단이 자기들의 통제권 밖에 있는 사이버 차터스쿨에 대해 부정적인 입장을 표명하고 있으며, 초기에 호응했던 일부 기독교 기반 홈스쿨링 가정들도 홈스쿨링과 일종의 공립학교인 사이버 차터스쿨과의 차별성을 부각시키며 반대하고 있음을 알 수 있다.

3 사이버 차터스쿨과 홈스쿨링 내부의 정치적 변화

오랫동안 기독교 우파 계열(폐쇄 종단)과 반문화 좌파 계열(개방 종단)로 나뉘어 갈등 관계에 있던 홈스쿨링 지지자들은 사이버 차터스쿨이 등장하면서 찬성과 반대를 중심으로 새로운 정치적 역동성을 보이고 있다. 즉 양쪽 종단에서 사이버 차터스쿨을 수용하는 집단과 거부하는 집단으로 비슷하게 분열되는 한편, 이에 반대하는 기독교 우파 계열과 반문화 좌파 계열이 연대하여 찬성하는 우파 계열과 좌파 계열을 비판하는 양상을 띠고 있다.

사이버 차터스쿨 초기에는 장점 때문에 홈스쿨링 가정이 대거 참여했으나, 시간이 지나면서 관련 규정이 강화되고 홈스쿨링 집단 내부의 자성 운동이 일어나면서 이를 비판하게 되었다. 폐쇄 종단과 개방 종단이 비판하는 이유는 달랐다. 폐쇄 종단의 경우, 사이버 차터스쿨은 여전히 정부가 주도하는 공립학교이고 그 안에서는 본래 홈스쿨링을 시작했던 정신, 즉 자녀에게 올바른 종교교육을 시키는 데 한계가 있다는 점을 부각시켰다. 개방 종단의 경우에는 사이버 차터스쿨이 외부에서 받아 사용하는 경직된 교과과정 안에서는 가정과 학생의 개인적 필요를 충분히 충족시키지 못한다는 점과, 기업과 연결되어 영리적인 목적이 중시되고 있음을 집중적으로 공격했다. 그럼에도 이 두 집단은 2003년에 '우리는 홈스쿨링을 위해 싸운다'라는 결의문에 함께 서명을 벌이는 등 손을 맞잡고 사이버 차터스쿨을 비판하고 공격했다. 이것은 1980년대 후반 양자가 소원해진 이후 처음 있는 일이다(Gaither, 2008a).

위의 결의문에 서명하지는 않았지만, 기독교 배경을 지닌 홈스쿨변호협회도 정부가 추진하는 사이버 차터스쿨 운동을 '트로이 목마'로 비유하면서 기독교 홈스쿨링을 파괴시킬 가능성이 있다고 경고했다. 이들은 사이버 차터스쿨이 세금으로 운영되는 공립학교로서 그 안에서는 기독교 교과과정을 사용할 수 없고, 기독교 관련 과목을 이수하더라도 학점으로 인정되지 않는다는 점을 강조한다. 더 나아가 이에 참여하는 홈스쿨링 가정을 더 이상 회원으로 인정하지 않고 법률적인 도움을 제공하지 않겠다고 선언하기도 했다(HSLDA, 2002).

기독교 우파 계열의 홈스쿨링 단체들이 사이버 차터스쿨을 반대하는 명분은 자녀에 대한 종교교육이지만, 그 이면에는 권력과 돈이 관련되어 있다고 할 수 있다. 홈스쿨링 가정들은 사이버 차터스쿨에 참여하면서 정부가 진행하는 세미나에도 참여하기 시작했다. 따라서 이들이 기독교 홈스쿨링 단체가 진행하는 모임에 가지 않음으로써 조직의 회원과 재정에 손실을 가져오게 되었다. 그리고 홈스쿨링 가정들이 무료로 교육을 시켜 주는 사이버 차터스쿨을 선택함으로써, 그동안 기독교 홈스쿨링 가정을 대상으로 교과과정과 교재를 판매하면서 수익을 유지했던 회사들이 재정 손실을 입게 되었다. 따라서 조직의 정체성과 생존에 위협을 느낀 기독교 홈스쿨링 관련 집단들이 사이버 차터스쿨을 강력하게 반대하는 것은 자연스러운 현상이라고 할 수 있다.

한편, 사이버 차터스쿨을 찬성하는 기독교 우파 계열과 반문화 좌파 계열 홈스쿨링 지지자들은 반대하는 집단에 비해 결속력이 그리 강하지는 않다. 그러나 홈스쿨링을 종교적이지 않은 이유로 선택한 가정은 물론이고, 종교적인 이유로 선택한 가정조차도 사이버 차터스쿨이 제공하는 교육과 학생의 학업 성취도에 만족한다는 연구 결과(Klein, 2006; Klein & Poplin, 2008)에 비추어 볼 때, 이를 반대하는 입장이 승리할 가능성은 그리 크지 않을 것 같다.

4 사이버 차터스쿨의 의의와 전망

정부가 학생들의 교육을 위하여 학교를 설립하고, 필요한 재원을 마련하고, 교육 서비스를 제공하는 형식에서 한 가지라도 민간 부문이 담당하는 경우를 학교 민영화라고 할 때(김재웅, 2005; Belfield & Levin, 2002; Murph, 2006), 차터스쿨은 그 전형적인 예이다. 최근 들어 급증하는 사이버 차터스쿨은 공적 재원으로 학교가 운영되면서도 전반적으로 규제로부터 자유롭다는 점에서 전통적인 차터스쿨의 특징을 공유한다. 그렇지만 교수-학습 방법으로 컴퓨터와 인터넷을 주 매체로 사용하며, 전통적인 차터스쿨에는 관심을 보이지 않던 홈스쿨링 가정이 대거 참여하고 있다는 점에서는 다르다.

이러한 특징 때문에 사이버 차터스쿨은 도입부터 관련 이해집단 사이에 논쟁을 불러일으켰다. 교육행정 체제 안에서는 혁신적인 교수-학습 방법에 따른 교육 경비의 기준과 부담 문제, 교육의 질과 관련한 책무성 문제를 놓고 주 정부와 지역 교육청 사이에, 정책 결정자들과 교사 집단 및 언론 사이에 논쟁이 있었다. 또 홈스쿨링 가정들의 참여로 새로운 정치적 역동성이 발견된다. 기독교 우파 계열과 반문화 좌파 계열 내부에서는 찬성과 반대 입장이 각각 대립하면서, 1980년대 후반 이후 반목 관계에 있던 기독교 우파 계열과 반문화 좌파 계열이 연대하여 사이버 차터스쿨을 비판하고 반대하는 현상이 나타나고 있다. 홈스쿨링 관련 집단들, 특히 기독교 우파 계열이 명목상으로 사이버 차터스쿨은 홈스쿨링의 원래 취지에 어긋난다는 이유로 반대하고 있지만, 그 이면에는 조직력의 약화와 재정 손실이라는 이유가 숨어 있을 가능성이 높다.

우리나라는 아직 홈스쿨링이 합법화되어 있지 않고, 사이버 차터스쿨에 해당하는 학교가 없기 때문에 이 연구 결과로부터 직접적인 시사점을 얻기는 어렵다. 그러나 앞으로 홈스쿨링이 합법화되고 일종의 자율학교 형태로 사이버 차터스쿨이 도입된다면, 미국에서 나타난 현상이 일어날 가능성도 있다. 특히 학교에 대한 불만으로 홈스쿨링을 선택하는 가정들이 사이버 자율학교의 장점을 최대한 이용할 것으로 생각된다. 교육재정을 배분하는 방식이 미국과 달라 교육부와 교육청 사이의 갈등은 별로 없겠지만, 사이버 자율학교를 반대하는 교원 집단이나 홈스쿨러들에게 공교육 재정을 지원하는 여부와 방식을 두고 이해집단들 간의 논란이 예상된다. 더 나아가 사이버 자율학교를 도입하는 경우, 조직화된 지 얼마 되지 않은 기독교 계통의 홈스쿨링 집단이 앞으로 좀더 활성화된다면 반문화 좌파 계열의 홈스쿨링 집단과 갈등할지도 모른다. 물론 당분간은 합법화를 놓고 두 집단이 서로 협력할 가능성이 높다.

끝으로, 사이버 차터스쿨은 반대에도 불구하고 전통적인 공교육과 사교육, 그리고 학교와 가정의 경계를 무의미하게 만들면서 공교육의 위기를 극복할 수 있는 새로운 대안이 될 수 있음을 지적하고자 한다. 공교육에 반대하여 홈스쿨링을 선택한 많은 가정들이 공립학교인 사이버 차터스쿨에서 교육적으로 만족하고 있다는 사실에 비추어 볼 때 그 가능성은 결코 낮지 않다고 할 수 있다.

9 장

홈스쿨링의 법률적 측면

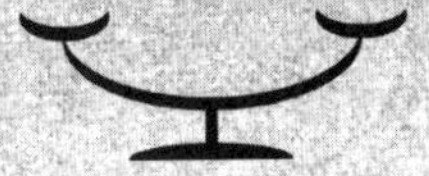

의무취학제도를 실시하는 국가들 가운데 상당수가 홈스쿨링을 합법적인 교육 형태로 인정하고 있다. 9장에서는 의무취학제도를 실시하는 미국에서 홈스쿨링이 합법화되는 데 영향을 미친 연방 정부 대법원 판례를 몇 가지 소개하고, 관련 법률의 유형별 주요 내용을 검토하고자 한다. 그리고 미국의 사례가 우리나라 홈스쿨링 합법화에 주는 시사점을 알아보고 홈스쿨링을 제도적으로 인정하고자 할 때 법률적으로 고려해야 할 사항들을 살펴보고자 한다.

1 의무취학제도에 대한 도전과 홈스쿨링 합법화

미국의 경우 의무취학제도가 자리를 잡으면서, 대부분의 국민이 학령기 아동은 누구나 학교에 다녀야 한다고 생각하게 되었다. 그러나 의무취학제도가 도입될 당시부터 이 제도가 자녀교육에 대한 부모의 권리를 부당하게 제한하고 사립학교를 약화시킨다고 비판하는 사람들이 있었다. 이러한 입장에 서 있는 사람들은 국가가 모든 사람을 강제로 교육받게 할 권리를 지니고 있지 않으며, 자녀에 대한 교육과 양육의 일차적인 책임과 권리가 부모에게 있다고 주장한다(염철현, 2001; Ballmann, 1995; Friedman, 1980; Klicka, 1995; Lyman, 1998; Ray, 2000).

의무취학법을 어기면 처벌을 받도록 되어 있는 상황에서 주 정부의 강제 취학권과 학부모의 자녀교육권은 종종 법률적 갈등의 대상이 되어 왔다. 이러한 상황에서 연방 대법원은 대체로 국가의 복지에 교육이 매우 중요하고 따라서 모든 아동을 취학하도록 한 것은 국가의 권력을 비합리적으로, 또는 임의로 사용하고 있는 것은 아니라는 쪽으로 판결을 내려 의무취학의 정당성을 옹호했다(Alexander & Alexander, 2009). 그러나 몇몇 판례는 의무취학에서 예외적인 상황을 인정하고 있으며, 이러한 판결은 주별로 홈스쿨링을 합법화하는 데 영향을 미쳤다. 여기에서는 주의 의무취학법이 절대적이지 않음을 보여주는 대표적인 몇 가지 연방 대법원 판례를 살펴본다.

첫째, 8학년 아래의 학생들에게 영어가 아닌 외국어를 가르치는 것을 금지하고 있는 네브래스카 주의 의무취학법이 위헌임을 판결한 마이어

대 네브래스카(Meyer v. Nebraska, 1923)가 있다. 이 판례는 주 정부의 아동교육권이 절대적이 아니라는 것을 밝힌 최초의 대법원 판결이다. 당시 피고는 8학년이 안 된 학생들에게 독일어를 가르친 교사였다. 독일에서 온 이민자들은 자기들의 언어와 문화를 지키기 위해 독일어를 가르쳐 왔다. 이것은 미국화라고 하는 공교육제도의 목적에 위배된다고 여겨져 대부분의 주에서는 고등학교 아래 단계의 학교에서는 영어 이외의 외국어를 가르치는 것을 금했다. 위의 판례는 여전히 정부가 의무취학을 강요할 수 있다고 인정하기는 하나(Gaither, 2008a), 부분적으로 교사의 교육권, 아동의 학습권, 부모의 선택권을 인정했다는 점에서 의의가 있다 (Richardson & Zirkel, 1991). 이 판례는 후에 다문화 교육의 핵심이 되는 이중 언어 교육bilingual education의 기초가 된다(Reich, 2002).

둘째, 사립학교를 인정하지 않고 모든 학생들을 공립학교에 다니도록 규정하고 있는 오리건 주의 법률이 위헌임을 밝히는 피어스 대 자매회 (Pierce v. Society of Sisters, 1925)가 있다. 이 판례는 부모의 뜻에 따라 아동을 교육할 수 있는 자유를 주 정부가 부당하게 간섭하고 있음을 밝히고 있다. 자매회는 1880년에 가톨릭 정신에 따라 설립된 단체로 사립학교를 운영하고 있었으며, 학교에서 나오는 수입은 중요한 재원 가운데 하나였다. 그러나 8~16세의 아동은 의무적으로 공립학교에 출석하도록 되어 있는 1922년 오리건 주의 의무취학법에 따라 그 학교 학생들이 대거 공립학교로 옮겨갔고 학생 수가 급감했다. 학부모의 학교 선택권을 인정한 위의 판례는 아동들이 국가의 피조물이 아니라고 하면서, '공립학교 교사들만 국가의 자녀들을 교육시켜야 하는 것은 아니며 아동을 양육하고 지도하고 있는 사람들(예: 부모)이 그 의무와 함께 권리를 향유한다'고

명시했다(Alexander & Alexander, 2009; Richardson & Zirkel, 1991).

셋째, 가장 보수적인 종교 집단 가운데 하나인 아미쉬Amish에 대한 위스콘신 대 요더(Wisconsin v. Yoder, 1972)는 종교적인 이유로 의무취학에서 면제될 수 있음을 판결한 최초의 판례이다. 이전까지는 공립학교가 아닌 학교에 다니는 것까지 인정했으나, 아예 다니지 않아도 되는 권리를 인정하지는 않았다. 이 판결은 '공동교육에 대한 주 정부의 관심interests이 헌법 제1수정조항에 나타난 종교 표현의 자유, 즉 자녀의 종교적 양육 방식에 대한 전통적인 부모의 관심과 갈등할 때 이 둘을 균형 있게 고려할 필요'가 있다고 명시하면서, 8학년 이후의 세속적인 학교교육을 거부한 아미쉬 편을 들어주었다. 이 판결로 25년간의 법적 투쟁 끝에 세 명의 아미쉬 학부모는 자신들의 종교적인 신념에 따라 자녀들을 교육할 수 있게 되었다. 아미쉬는 비판적 사고, 반성적 사고 등으로 순종, 겸손, 하나님 뜻에 대한 복종 등을 소홀히 하는 고등학교 교육이 특히 해롭다고 믿고 8학년 이후에는 학교에 보내지 않고 있었다.

요더 판례가 홈스쿨링의 합법화에 간접적으로 영향을 미친 것은 사실이나, 이는 매우 신중하게 해석될 필요가 있다. 당시 대법원장인 버거Burger도 밝히고 있듯이, 이 판결로 인하여 '아동교육에 대한 합리적 표준을 적용할 수 있는 주 정부의 의무취학법에 대한 권한'이 결코 손상되지 않는다는 점과, 같은 이유로 다른 종교 집단에 적용하기가 쉽지 않을 것이라는 점을 명시하고 있다. 실제로 그 이후에도 연방 정부 차원에서 종교적인 이유로 의무취학법의 위헌성이 제기될 때마다 대법원은 주 정부의 손을 들어주었다(Alexander & Alexander, 2009; Gaither, 2008a; Katz, 1976; Richardson & Zirkel, 1991).

2 미국 홈스쿨링 관련 법률의 유형과 시사점

미국의 경우 별도의 규정이 없는 사항은 주의 책임이 된다는 헌법 규정에 따라 개별 주가 교육에 대한 정책을 수립하고 운영해 왔으며, 홈스쿨링과 관련하여 제기된 법적 문제는 주로 각 주의 의무취학법에 따라 처리되었다. 홈스쿨링 신봉자들은 홈스쿨링을 헌법적 권리로 확보하기 위해 끊임없이 노력했으나, 요더 판례 같은 예외를 제외하곤 연방 정부 차원의 대법원 판결에서 번번이 실패했다. 따라서 이들은 주 정부 차원의 의무취학법 개정을 위한 노력을 경주했고, 대부분의 주에서 성공했다. 그 결과, 1953년 유타 주에서 홈스쿨링이 합법으로 인정된 이래 1956년 네바다 주, 1985년에 워싱턴 주에서 법률적으로 허용되는 등, 1980년 말까지 27개 주에서 홈스쿨링이 허용되고(Mayberry et al., 1995), 이 숫자는 1995년에 33개 주로 증가하며(Lyman, 1998), 현재는 미국의 모든 주에서 합법적으로 운영되고 있다(Gaither, 2008a; HSLDA, 2008).

유형별 주요 내용

미국의 홈스쿨링 관련 법률은 대체로 다음 네 가지 사항을 규정하고 있다(Mayberry et al, 1995). 첫째, 의무취학법에 따른 출석 의무를 면제하고 홈스쿨링으로 자녀를 가르칠 수 있도록 허용하는 절차. 둘째, 홈스쿨링이 지켜야 할 조항들(예: 교육과정, 학생 평가, 성적 관리, 교사 자격 등). 셋째, 홈스쿨러의 정규 학교 재입학에 관한 정책. 넷째, 홈스쿨러를 위한 특별

교육 서비스 등. 홈스쿨변호협회(2008)에 의하면, 미국의 홈스쿨링 관련 법률은 위의 조항에 대한 규제의 정도에 따라 관련 규제가 아예 없는 주, 느슨한 주, 중간인 주, 강한 주 등 네 가지 범주로 구분할 수 있다. 일리노이, 인디애나, 미시간, 미주리, 텍사스 주 등 10개 주는 홈스쿨링 관련 규정이 아예 없고 캘리포니아, 네바다, 유타, 애리조나 주 등 14개 주는 규제가 느슨하다. 규제가 중간인 주에는 오리건, 워싱턴, 아이오와, 오하이오, 조지아, 노스캐롤라이나 등 20개 주가 있으며 규제가 강한 주에는 뉴욕, 펜실베이니아 주 등 6개 주가 속한다. 아래에서는 텍사스, 캘리포니아, 조지아, 뉴욕 주를 중심으로 규제 정도에 따른 네 가지 범주별로 홈스쿨링 관련 법률이 어떻게 다른지 살펴본다.

1) 규제가 없는 주 _ 텍사스 주

6세부터 17세까지의 아동에 대하여 의무취학을 규정하고 있는 텍사스 주는 홈스쿨링에 관한 구체적인 법률적 규제 조항이 없다. 사실 텍사스 주는 1985년에 의무취학법에 따라 홈스쿨링이 불법이었다. 교육청이 홈스쿨링을 하던 여든 가정을 의무취학법 위반으로 고발한 리퍼 대 알링턴 독립학교구(Leeper v. Arlington Independent School District, 1987) 이후, 홈스쿨링은 합법적인 사립학교로 인정되었다. 이에 불복한 교육청은 1991년에 항소했고, 결과는 똑같이 나왔다. 1994년 교육청은 상고했으나, 텍사스 대법원은 의무취학법이 헌법의 제1 및 제14 수정조항의 자유권을 무시하고 있다는 이유로 이전 결정을 만장일치로 확인했다.

결과적으로, 텍사스 주에서는 홈스쿨링을 시작하기 위해 지역 교육청 허락을 받을 필요도 없고, 담당자의 가정방문을 받거나 교과과정에 대해 승인을 받을 필요도 없게 되었다. 다만 홈스쿨링 가정은 읽기, 스펠링, 문법, 수학, 시민정신 등을 포함하는 문서화된 교과과정을 지니고 스스로 성실하게 아동을 교육하면 된다. 또한 교사 자격에 대한 규제가 전혀 없고, 표준화 학력검사를 요구하지 않는다. 홈스쿨러들은 텍사스 주 안에 있는 대학에 입학하는 경우 차별을 받지 않도록 법률에 의해 보호된다(Gaither, 2008a; HSLDA, 2008).

2) 규제가 느슨한 주 _ 캘리포니아 주

6세부터 17세까지 아동은 반드시 학교에 다니도록 규정하고 있는 캘리포니아 주의 경우 홈스쿨링에 관한 규제가 약한 편이다. 이 주에서는 다음 네 가지 방법으로 합법적인 홈스쿨링을 할 수 있다. 첫째, 사립학교로 인정받는 방법. 이 경우 교수자는 교수 능력이 있어야 하고, 공립학교의 필수 교과목을 영어로 가르쳐야 하며, 출석부를 통해 출결 관리를 해야 함. 둘째, 사이버 차터스쿨에 등록하는 방법. 이것은 법률이 인정하는 사립학교의 사이버 프로그램에 등록하고 그곳을 통하여 홈스쿨링을 함. 셋째, 자격 있는 개인 튜터를 고용하여 홈스쿨링을 하는 방법. 끝으로, 공립학교 교과과정을 활용하면서 집에서 독립적으로 학습 프로그램을 이수하는 방법. 이 경우 학생은 공립학교 학생으로 간주되며 공립학교의 법규를 따라야 함. 위의 네 가지 방법 가운데 세 번째, 즉 개인 튜터 활용 홈스쿨링 이외에는 교사의 자격에 대한 규제가 없고, 홈스쿨링의 질을 점검하기 위한 표준화 검사도 요구하지 않는다.

3) 규제가 중간 수준인 주 _ 조지아 주

6세부터 15세 사이의 아동에 대한 의무취학을 규정하고 있는 조지아 주의 경우 홈스쿨링 관련 규정이 별도로 마련되어 있으며, 홈스쿨링에 관한 규제가 앞에 소개한 텍사스나 캘리포니아 주에 비해 비교적 강한 편이다. 홈스쿨링을 하고자 하는 부모는 프로그램을 시작한 지 30일 이내에 신고서를 지역 교육청에 제출해야 한다. 그 이후에는 매년 9월 1일에 제출해야 한다. 이 신고서에는 학생의 나이와 성명, 홈스쿨링 주소, 부모가 홈스쿨링에 들이는 시간 등이 포함되어야 한다. 홈스쿨링은 필수 교과과정을 준수하고, 일 년에 180일 이상의 수업일수와 적어도 하루 4시간 30분의 수업 시간을 유지해야 한다. 또한 출석부를 관리하고 월별로 교육장에게 보고해야 하며, 매년 학생의 진도 보고서를 작성하고 그것을 3년간 보관해야 한다.

학부모는 자녀를 직접 가르칠 수도 있고, 튜터를 활용할 수도 있다. 튜터가 가르치는 시간의 양은 제한하지 않는다. 부모든 튜터든 상관없이 홈스쿨링을 담당하는 교사는 적어도 고졸 이상의 학력이 있어야 한다. 홈스쿨러들은 3학년부터 매 3년마다 전국적인 표준화 검사를 반드시 치러야 하지만 시험 성적을 교육청에 보고할 필요는 없다.

4) 규제가 강한 주 _ 뉴욕 주

6세부터 16세 사이의 아동에 대한 의무취학을 규정하고 있는 뉴욕 주의 경우 홈스쿨링에 관한 별도 규정을 두고 있으며, 미국 전역에서 규제가 매우 강한 편에 속한다. 뉴욕 주의 교육법은 아동이 공립학교 밖에서 교육받는 것을 허락하고 있으며, 이 교육은 공립학교의 교육과 실질적으로 '동등한' 것이어야 한다.

1988년에 공포된 홈스쿨링 관련 규정의 주요 내용은 다음과 같다. 홈스쿨링을 하고자 하는 부모는 지역 교육청에 7월 1일까지 신청서를 제출해야 한다. (학기 중에 시작한 경우에는 시작한 지 14일 이전에 제출해야 한다.) 8월 15일까지는 홈스쿨링 계획서(Individualized Home Instruction Plan, IHIP)를 제출해야 한다. 그 이후에는 홈스쿨링 계획서 서식을 교육청으로부터 받은 지 4주 이내에 제출하면 된다. 홈스쿨링은 유능한 교사가 담당하여야 한다고 규정하고 있으나 부모가 교사자격증을 반드시 소지할 필요는 없다. 위에서 규정하고 있는 내용을 잘 따르는 부모라면 '유능한' 교사로 인정된다. 학부모가 선택할 수 있는 표준화 검사에는 아이오와 기초능력시험, 스탠포드 학력평가, 캘리포니아 학력평가California Achievement Test, 종합 기초능력시험Comprehensive Test of Basic Skills, 주 교육부 평가State Education Department Test 등이 있으며, 아동의 종합 성적이 상위 33% 이내에 들어야 적절한 것으로 인정된다. 표준화 검사는 4학년부터 8학년까지는 격년으로, 9학년부터는 매년 실시하여야 한다.

시사점

미국의 교육정책에 관한 주요 사항을 다루는 교육법은 기본적으로 연방 정부의 일이 아니라 주 정부에 위임된 일이다. 때문에 의무취학제도가 형성되고 이에 대한 반작용으로 나타난 홈스쿨링을 합법화하는 과정과 내용은 각 주의 역사적·정치적·사회문화적 맥락에 따라 다르다. 어떤 점에서 보면 미국 홈스쿨링 합법화의 역사는 50개의 서로 다른 이야기를 가질 수밖에 없다고 해도 과언이 아니다. 위에서 살펴보았듯이 주에 따라 그 규제 정도가 다르기 때문이다. 홈스쿨링에 대한 규제가 존재하지 않아 교육청에 신고할 필요조차 없는 주도 있고, 신청만 하면 되는 주도 있고, 교육청에 신고할 뿐만 아니라 주가 정한 출결 관리, 교과과정, 교사의 자격, 학업 성취도 검사 등에서 주가 정한 기준을 (이 경우에도 규제의 엄격한 정도가 주마다 다르지만) 충족시켜야 하는 주도 있다.

위에서 살펴보았듯이, 홈스쿨링의 합법화와 관련하여 주들 사이에 규제의 정도가 크게 다르다. 이것은 주 정부의 정책결정자들이 홈스쿨링의 실제와 의무취학제도의 목표 달성의 관계를 어떻게 보고 있는지, 옹호자들이 합법화를 위해 발휘한 정치적 영향력이 얼마나 강한지, 참여하는 가정들이 지역사회에서 어떻게 인정을 받아왔는지 등 주가 처해 있는 다양한 변인들에 따라 상황이 다르기 때문이라고 할 수 있다. 이러한 점에서, 홈스쿨링의 합법화는 철학적 분석이나 논리적 분석에 따라 도출되는 결과만으로는 부족하고, 경험적으로도 검증되어야 하는 문제라고 할 수 있다. 다시 말하면, 홈스쿨링이 의무취학제도의 목표를 충분히 달성할 수 있다는 것을 철학적으로 논증하고 논리적으로 분석하는 작업이 필요하지만, 이것만으로 홈스쿨링의 합법화가 저절로 달성되는 것은 아니다.

홈스쿨링의 합법화가 정당성을 얻으려면, 의무취학제도가 목표로 하고 있는 사회 평등, 사회 통합, 인력 양성 등의 목표를 달성하는 데 홈스쿨링이 기여하고 있다는 것도 경험적 자료를 통해 보여줄 필요가 있다.

미국의 모든 주에서 의무취학제도의 초기에는 법률적으로 인정하지 않던 홈스쿨링이 합법화된 것은, 홈스쿨링의 정당성에 대한 철학적·논리적 논증이 설득력이 있었을 뿐만 아니라 적어도 의무취학제도가 추구하고 있는 정책목표를 달성하는 데 방해가 되지 않는다는 사실에 대한 사회적 공감대가 형성되었음을 반증하는 것이다.[1] 이러한 인식에서 나타나는 주들 간의 차이로 말미암아 홈스쿨링 관련 법률의 규제 정도에 차이가 나타나는 것으로 이해할 수 있다.

미국의 이런 과정과 내용은 우리나라에서 향후 홈스쿨링 합법화를 논의할 때 중요한 시사점을 제공한다. 미국은 위에서 살펴보았듯이, 규제의 정도에 따라 네 가지 유형으로 구분할 수 있었다. 우선, 우리나라는 홈스쿨링을 합법화하는 쪽으로 정책을 결정할 것인지에 대한 논의가 선행되어야 할 것이다. 이 단계에서는 홈스쿨링의 정당성에 대한 철학적·논리적 논쟁이 요구된다고 할 수 있다. 그런 다음 합법화 쪽으로 방향이 결정되면, 네 가지 유형 가운데 어느 유형에 가깝게 합법화할 것인지 결정할 필요가 있을 것이다. 이 단계에서는 홈스쿨링을 허락하는 방법과 과정을 얼마나 까다롭게 할 것인지, 홈스쿨링 교사의 학력이나 자격에 제한을 둘 것인지, 교과과정에 대한 규제는 어느 정도로 할 것인지, 학업 성취 기준을 확인하기 위한 전국 단위의 시험을 의무화할 것인지, 이 경우 적절한 시험 성적의 기준을 정할 것인지, 학사 관리를 위한 장치를 어느 정도 선에서 정할 것인지, 또 학사 과정을 교육청에 보고하

---

1) 실제로 1985년 이전에는 유타, 네바다, 워싱턴 주만이 홈스쿨링을 합법적인 것으로 인정하고 있었다. 나머지 주에서는 홈스쿨링을 일종의 범죄로 간주해 일부 홈스쿨러들은 감옥에 가기도 했고, 아동 학대 또는 유기죄로 자녀들을 보호소에 빼앗기기도 했다 (Gaither, 2008a).

도록 할 것인지, 한다면 어느 정도 주기로 하게 할 것인지, 학교와의 협력은 어떻게 유지할 것인지, 홈스쿨러들이 대학에 입학하는 경우 어떻게 처리할 것인지 등 고려되어야 할 문제가 많다. 이러한 문제를 해결하기 위해 우리보다 오랜 홈스쿨링 합법화의 역사를 지니고 있는 미국의 사례로부터 배울 수 있을 것이다. 그러나 이 모든 것은 정책 결정에 참여하는 사람들이 의무취학제도의 목표를 무엇으로 보고 있으며, 홈스쿨링이 그 목표를 어느 정도 달성하고 있다고 인식하는지와 밀접하게 연결된다는 사실을 기억할 필요가 있다.

3 우리나라에서 고려해야 할 법률적 사항

미국에서 있었던, 의무취학제도에 반발하여 나타난 홈스쿨링 운동에 대한 사회적·법률적 반응은, 아직 홈스쿨링을 합법적인 교육 형태로 인정하지 않는 우리나라에 시사점을 던져 준다. 우리나라 헌법은 교육을 국민의 4대 의무 가운데 하나로 규정하면서, 모든 국민은 능력에 따라 균등하게 교육받을 권리를 가지며, 의무교육은 무상으로 한다고 정하고 있다(헌법 제31조). 하위 법률에서는 의무교육을 6년의 초등교육 및 3년의 중등교육으로 정하고(교육기본법 제8조), 이 기간 동안 의무취학을 규정하고 있다(초·중등교육법 제13조 제1항~제3항). 그리고 학령기 아동을 학교에 보내지 않으면 백만 원 이하의 과태료를 물도록 규정하고 있다(초·중등교육법 제68조 제1항). 의무취학을 실현하기 위하여, 의무교육 대상 학생이 정당한 사유 없이 계속하여 7일 이상 결석하는 때에는 초등학교 및 중학교의 장은 학생의 출석을 독촉하여야 한다. 독촉 후 7일을 경과하여도 그 상태가 계속되는 때나 2회 이상 독촉 또는 경고한 때에는 그 내용을 초등학교의 경우에는 학생의 거주지의 읍·면·동의 장에게, 중학교의 경우에는 교육장에게 각각 통보하도록 하고 있다(초·중등교육법시행령 제25조). 한편, 교육감이 정하는 질병이나 기타 부득이한 사유가 있는 경우에 한하여 당해 학교의 장이 의무교육 대상자의 보호자 신청으로 취학의무 면제 또는 유예를 결정할 수 있도록 규정하고 있다(초·중등교육법시행령 제28조).

우리나라의 경우 학부모가 학령기 자녀를 홈스쿨링하고 있는 가정이 의무취학법 위반으로 과태료를 물은 사례는 없다. 초·중등교육법시행령 제28조에 따라 적법하게 취학의무를 유예 또는 면제받을 수 있도록 규정하고 있지만,[2] 이러한 절차를 의도적 또는 무의도적으로 밟지 않고 홈스쿨링하는 경우도 있다(민들레 편집실, 2000). 홈스쿨러들을 범죄자로 만들지 않기 위해서 미국, 영국 등 많은 나라들이 홈스쿨링을 합법적인 교육 형태로 인정하고 있으며, 또 헌법상의 의무교육을 의무취학으로 좁게 해석하고 있는 하위 법률이 위헌 가능성이 있으므로 우리나라도 홈스쿨링을 합법화해야 한다는 주장은 설득력이 있다. 노무현 정부의 교육혁신위원회도 이러한 상황을 고려하여 '홈스쿨링의 학력 인정'을 정책 과제로 추진하려 했을 것이다.

그러나 우리나라는 아동교육에 관한 국가의 권리와 부모의 권리에 대

---

2) 의무취학 유예 내지 면제를 받으면, 그 학생은 정원 외 관리로 처리되고 검정고시를 통하여 학력을 취득할 수 있다. 현재 많은 홈스쿨러들은 이렇게 취득한 학력으로 상급학교에 진학하고 있다.

한 철학적·논리적 논쟁이 아직 본격적으로 이루어지지 않고 있다. 헌법에서 의무교육을 명시하고, 초·중등교육법에서 9년간의 의무취학을 규정하고 있는 것은 적어도 학교를 통해 사회 평등, 사회 통합, 기초 능력 함양을 통한 경제 능력 제공 등의 사회적 목표를 달성할 수 있다고 보기 때문이라고 할 수 있다. 그러나 의무취학은 학교가 '능력에 따른 균등한 교육'(헌법 제31조 1항)에 실패하고 있다고 보고 의도적으로 거부하는 사람들에게는 걸림돌이 될 뿐이다. 학령기 아동을 학교에 보내지 않는 것이 '인간다운 생활을 할 권리'(헌법 제34조)를 위해 필요하다고 보는 입장은 의무취학법과 갈등할 소지가 있다. 아직까지 관련 판례가 나오지는 않았지만, 미국의 사례에 비추어 보면, '종교의 자유'를 보장하고 있는 우리나라에서도(헌법 제20조) 종교적 신념에 따라 자녀를 양육하고자 하는 부모에게 의무취학법은 장애가 될 수 있다. 더 나아가, 헌법 제37조는 '국민의 모든 자유와 권리는 국가 안전보장·질서유지 또는 공공복리를 위하여 필요한 경우에 한하여 법률로써 제한'할 수 있다고 규정하고 있으나, 과연 학령기 아동을 학교에 보내지 않을 자유가 국가 안전보장·질서유지 또는 공공복리에 문제가 되기 때문에 제한되어야 할 자유인지 답하기가 쉽지 않다. 요컨대 헌법 제31조 제2항에서 '모든 국민은 그 보호하는 자녀에게 초등교육과 법률이 정하는 교육을 받게 할 의무를 가진다'라고 규정하고 있으나, 이 의무를 꼭 국가가 인정하는 학교라는 공적 기관을 통해서만 이행해야 한다는 것은 더 이상 설득력을 지니기가 어렵게 되었다.

한편, 사회 평등, 사회 통합, 기초 능력 함양을 통한 경제 능력 제공이라는 의무취학제도의 정책 목표를 달성하는 데 홈스쿨링이 얼마나 기여하고 있는지에 대한 경험적 논증도 별로 이루어진 게 없다. 국가적으로 홈스쿨링에 참여하고 있는 가정이 얼마나 되는지 공식적으로 파악되지도 않은 상태에서 이러한 경험적 연구를 하기가 쉽지 않을 것이다. 설사 이에 대한 경험적 연구가 가능하다 하더라도, 공교육제도의 사회 평등 기능과 공공성을 중시하는 사회적 분위기에 비추어 볼 때, 홈스쿨링의 합법화 과정이 그렇게 순탄하지만은 않을 것이다. 이러한 맥락에서 우리나라는 홈스쿨링의 합법화가 성공하더라도 구체적인 법률 내용은 강한 규제를 표방하고 있는 뉴욕이나 펜실베이니아 주 같은 모형을 따르게 될 가능성이 높다고 할 수 있다.

홈스쿨러들은 홈스쿨링에 대해 합법화 등 정부의 지원을 부분적으로 요구하기도 하나(유명복, 2005), 일부는 합법화가 가져올 정부의 통제를 우려하기도 한다(서덕희, 2008). 아직 홈스쿨러들은 정치적으로 부담이 될 정도로 집단적인 행동을 통해 합법화를 강력하게 요구한 적은 없다. 이러한 상황에서 정부가 나서서 홈스쿨링의 합법화를 추진할 필요는 없다고 본다. 정책 결정을 위해서는 먼저 사회적 이슈가 된 것들 중에서 정부가 공식적인 의사 결정 구조 안에서 정식으로 검토하기로 결정하는 정책 의제 설정이 이루어져야 한다. 정부가 스스로 문제를 공론화하여 의제를 설정하는 것을 동원형이라고 하고, 외부 특히 민간 집단이 이슈를 제기하고 정부가 그것을 의제로 채택하는 것을 외부 주도형이라고 한다. 동원형은 권위주의적 국가가 주로 채택하고 외부 주도형은 다원화된 민주주의 국가가 주로 채택하고 있다는 점에서(진동섭, 이윤식, 김재웅, 2007), 홈스쿨링의 합법화 문제도 외부 주도형으로 진행하는 것이 바람직하다. 따라서 의무취학법 위반으로 백만 원의 과태료를 물어야 하는 사건이 발생하거나, 의무취학법에 대한 위헌 소송이 제기되거나, 홈스쿨러들이 집단적으로 홈스쿨링 합법화를 요구할 때 정부가 공식적으로 다루기 시작해도 늦지 않다고 본다. 홈스쿨링 합법화라는 새로운 정책은, 철학적·논리적 측면과 경험적 측면의 논증이 부분적으로 기여하겠지만, 결국 관련 집단 간의 정치적 타협으로 가능하기 때문이다.

대부분의 국가는 아동교육에 대한 국가와 부모의 주도권을 함께 고려하면서 홈스쿨링을 의무교육을 실현하는 합법적인 교육 형태로 인정하고 있다. 학교 중심의 공교육제도에 대한 불만과 비판의 목소리가 점점 커지고 있는 우리나라에서도 머지않은 장래에 홈스쿨링 합법화에 대한 사회적 논의가 본격적으로 시작될 것이다. 이러한 논의는 의무교육과 의무취학을 동일시하던 종전 교육학계의 입장에서 교육의 개념을 새롭게 규정하게 될 가능성이 있으므로 매우 중요한 의미를 지닌다. 홈스쿨링 합법화는 일정한 자격(예: 교사자격증)을 가진 사람이 일정한 공간(예: 학교)에서 정부가 가르치라고 지정한 것(예: 교과서)을 가르치는 것이 교육이라고 믿어 온 관행과 신화를 깨뜨리는 데 도움을 줄 수 있을 것이다.

나가며

　미국의 홈스쿨링은 전통적으로 보수적인 기독교를 믿고 있는 백인 중산층 가정이 종교적인 이유로 선택하던 교육 형태였다. 그러나 오늘날 홈스쿨링은 선택하는 이유와 참여하는 사람들의 특성이 매우 다양해졌다. 우선 종교를 중심으로 보더라도 개신교뿐만 아니라 가톨릭, 유대교, 루터교, 모르몬교, 무슬림, 여호와의 증인, 무신론자 등 다양하다. 인종적으로도 백인들 이외에도 아프리칸 아메리칸, 미국 원주민, 아시아인, 히스패닉 등 다양한 집단들이 홈스쿨링을 위해 서로 협력하며 목소리를 내고 있다. 최근 들어 부유한 가정에서는 개인 튜터를 고용하는 사례도 늘고 있다. 자녀가 스포츠나 예술 영재인 경우 집중적인 훈련을 위해 홈스쿨링을 대안으로 선택하는 사례도 늘고 있다. 이제 미국에서는 홈스쿨링이 더 이상 교육제도의 변방에 있지 않고 정부가 공식적으로 인정하는 주류 교육 형태의 하나로 자리매김된다. 역설적으로 학교가 더 이상 의무가 아니라 선택인 시대가 전개되고 있다.

　홈스쿨러들은 공교육제도가 탄생한 이래 오랫동안 국가가 중심이 되어 학령기 아동을 국가의 자녀로서 교육시켜 온 관행에 반기를 든 사람들이다. 자녀교육에 대한 일차적인 책임과 권리가 국가가 아닌 부모에게 있다고 믿는 이들은 의무취학법에 끊임없이 도전하여 결국은 승리했다. 필자는 이 책에서 미국의 홈스쿨링 운동이 어떻게 성공할 수 있었는지, 또 참여해 온 개인들과 집단들이 어떻게 갈등하고 또 때때로 어떻게 협력하여 왔는지 교육정치학적 관점으로 분석했다. 연구 결과 홈스쿨링이 자녀교육을 겉으로 내세우고는 있으나 사회 현상으로서 홈스쿨링 운동은 이해집단 간에, 즉 교원집단과 홈스쿨링 가정 사이에, 교육청과 홈스쿨링 가정 사이에, 법률 기관과 홈스쿨링 가정 사이에, 보수적 기독교 홈스쿨링 집단과 반문화적 좌파 홈스쿨링 집단 사이에, 경우에 따라 기독교 홈스쿨링 집단 내에서 한정된 재화인 돈과 권력을 더 많이 쟁취하기 위한 정치적 갈등으로부터 결코 자유롭지 않음을 알 수 있었다.

우리나라에서 많은 언론들이 홈스쿨링을 소개하긴 했으나, 본격적인 관심과 소개는 아마도 1999년 1월 창간된 격월간지인 『민들레』(www.mindle.org)에서 시작되지 않았나 싶다. 민들레 현병호 대표는 창간사에서 '교육이 곧 학교'라는 사회의 통념을 깨뜨리며 '삶이 곧 배움'이 되는 새로운 교육문화를 만들고자 하는 목적으로 잡지를 시작한다고 밝히고 있다. 당시만 해도 이러한 목소리를 세상 밖에 내는 것 자체가 용기를 필요로 하는 일이었다. 민들레의 방향에 찬동하는 사람들이 모여 대안교육과 홈스쿨링에 대한 정보를 나누고 연대할 필요성에 공감했다. 필자도 한두 차례 초기 모임에 참여한 적이 있다. 처음에는 종교적 가치나 이데올로기와 상관없이 아이들을 숨 막히는 공교육체제로부터 어떻게 하면 구출(?)해서, 특성에 맞춰 자유롭게 기르고 가르칠 것인가를 중심으로 솔직한 이야기를 나누었던 것으로 기억된다. 그러나 미국의 홈스쿨링 운동에서처럼, 얼마 안 가 운동의 방향을 놓고 양측의 갈등이 커지면서 보수 기독교 측과 반문화적 자유주의 측으로 나뉘어져 각각의 활로를 찾게 된다. 결과적으로 오늘날 보수 기독교 계열은 기독교대안교육협의회(www.caeak.com)와 한국기독교홈스쿨협회(www.khomeschool.com)를 중심으로, 반문화적 자유주의 계열은 대안교육연대(www.psae.or.kr)를 중심으로 홈스쿨링 운동을 전개하고 있다. 모임의 강도나 활동의 정도도 미국 사례와 비슷한데, 전자는 비교적 활발한 편이나 후자는 전반적으로 활동이 미진한 편이라고 할 수 있다. 활동의 지향점에서도 양자는 다소 차이를 보인다. 전자는 다양한 형태의 워크숍, 컨퍼런스 등을 통하여 기독교적 가치관을 교과과정에 어떻게 녹여 넣을 것인지에 관심이 많고 부분적으로 상급학교 진학 또는 외국 유학에 초점을 맞추어 교과과정을 다루기도 한다. 반면에 후자는 생태주의와 자유주의에 기초하여 아이들의 몸과 영혼을 자연 속에서 풀어 주는 데 더 많은 관심을 보인다. 좌파와 우파를 막론하고 우리나라의 홈스쿨링 운동은 아직까지 합법화에 대한 집단적 노력은 별로 하지 않고 있다.

어쨌든 우리나라의 경우 학교교육에 대한 불신과 불만, 개인적인 이유 등으로 한 해 5만~7만 명의 학생이 공교육체제를 떠나고 있다. 이 가운데 상당수는 조기 유학을 떠나고, 일부가 대안학교와 홈스쿨링을 선택하고 있다. 학교를 떠난 더 많은 학생들은 사실 어디서 무엇을 하는지 파악조차 못하고 있는 실정이다. 개성과 적성을 고려하지 않은 채 획일적으로 운영되는 비인간적인 학교가 몸에 맞지 않는 학생들에게 억지로 학교에 남아 있게 하는 것은 고문과도 같다는 점에서 무조건 그들을 학교에 잡아 두는 것만이 능사가 아니다. 한편, 인터넷이 발달한 우리나라의 사이버교육은 어느 나라 못지않게 활성화되어 있고 학원, 학습지, 과

외 등 사교육 시장이 발달해 있다는 사실을 고려할 때 홈스쿨링이 힘을 받을 수 있는 환경은 어느 정도 조성되었다고 하겠다. 다만 전통적으로 사적 영역에 대한 보호보다는 공적 영역의 실천을 더 중시하며, 학연을 중시하는 문화가 강한 우리나라에서 자기 아이만 학교에 보내지 않고 집에서 교육시킨다는 것은 그리 쉬운 결정은 아닐 것이다.

그러나 중산층이 밀집해서 사는 아파트 단지 안에서 학교교육의 문제점에 같은 생각을 품은 학부모들이 협동체co-ops를 구성하여 홈스쿨링을 공동으로 실시할 가능성도 있다. 초등학교부터 고등학교까지 전 과정은 아니더라도 그 가운데 일부만이라도 실험적으로 홈스쿨링을 하려는 가정이 늘어날지도 모른다. 생태주의에 따라 삶의 영위하고자 하는 가정은 농촌에 살면서 대안적인 삶과 교육의 방식으로 홈스쿨링을 택할 가능성도 있다. 예체능 분야에서 뛰어난 재능을 보이는 아이에게도 훌륭한 대안이 될 수 있다. 그럼에도 우리나라에서 홈스쿨링이 활성화된다면, 그것은 미국처럼 종교적인 이유에서라기보다는 획일적이고 경직된 학교교육에 대한 불신과 불만이 가장 큰 요인으로 작용할 가능성이 높다. 기독교홈스쿨협회를 중심으로 기독교 홈스쿨링 가정이 모임을 전개하고 있으나, 그 숫자가 사회적 파급력을 가질 만큼 되지 않을 뿐만 아니라, 대부분 우리나라의 기독교 가정은 공교육제도의 교과과정이 기독교적 가치를 반영하지 않는다는 이유만으로 자녀를 학교에서 빼낼 것 같지 않기 때문이다.

과연 우리나라에서도 홈스쿨링 제도가 합법적인 교육 형태로 인정받을 수 있을까? 미국이나 유럽의 많은 나라들처럼 인정받기 위해서는 학교와 교육의 개념 분화가 선행되어야 한다. 아동의 교육에 대한 권리가 국가에 있는지 부모에게 있는지에 대한 이론적 논의도 더 심도 있게 이루어져야 하고, 홈스쿨링이 정치사회화, 사회적 통합, 인력 양성 등 공교육제도가 추구하는 목적을 달성하는 데 문제가 없는지에 대한 경험적 연구도 축적해야 할 것이다. 아울러 현행 교육기본법과 초·중등교육법이 규정하는 9년간의 의무취학법은 헌법이 명시하는 바대로 의무교육법의 내용을 충실히 담는 방향으로 개정될 필요가 있다. 그러나 공교육제도의 사회 평등 기능을 중시하는 우리나라의 사회적 분위기와, 공공성을 강조하는 교원 노조의 태도를 고려할 때, 홈스쿨링의 합법화 과정이 그렇게 순탄하지만은 않을 것으로 생각된다. 미국에서도 초기에 교육청과 교원단체가 홈스쿨링에 반감과 비판을 보였다는 사실을 고려할때 우리나라에서도 그러하리라는 것을 유추해 볼 수 있다.

이미 노무현 정부는 홈스쿨링에 대한 학력 인정을 시범적으로 운영하겠다는 발표를 한 바 있다. 당초 정부의 계획대로 나아가지는 않고 있지만, 의무교육과 의무취학을 구분하는 가운데 아동교육의 주도권이 국가 주도에서 가정으로 넘어가고 있는 세계적인 현상에 비추어 볼 때, 우리나라에서도 머지않은 장래에 홈스쿨링의 합법화에 대한 논의가 활기를 띨 것이 분명하다. 그렇다고 정부가 앞서서 추진할 필요는 없다고 본다. 왜냐하면 우리나라에서 홈스쿨링에 참여하는 학부모 집단이 그것을 강하게 요구하지 않고 있고, 검정고시 제도를 활용해 비교적 자유로운 교육 환경 속에서 홈스쿨링을 할 수 있기 때문이다.[1] 자칫 홈스쿨링의 법

---

1) 이와 관련하여 홈스쿨링 가정들은 초등학교 졸업 자격 검정고시의 응시 자격 요건 중 하나인 나이 제한을 풀어 달라고 요구하고 있다. 현행 법률에 의하면, 매년 5월 실시되는 해당 검정고시를 치르기 위해서는 만12세가 되어야 한다. 그러나 초등학교 과정을 홈스쿨링으로 마치고 일반 중학교에 진학하려는 학생이 이때 시험을 치르고 중학교에

제화가 오히려 국가의 개입과 통제를 불러오고 더 나아가 자유롭고 융통성 있게 운영되는 홈스쿨링의 특성을 저해할 가능성도 있다. 따라서 필자는 의무취학법 위반으로 백만 원의 과태료를 물어야 하는 사건이 발생하거나 홈스쿨러들이 집단적으로 홈스쿨링의 합법화를 요구할 때, 정부가 공식적으로 다루기 시작해도 늦지 않다고 본다.

끝으로, 이 책에서 필자는 홈스쿨링에 대한 교육정치학적 분석을 시도한다고 했으나, 교육학적 관점에서 분석을 시도하지 못하고 정치학적 관점에서 분석했음을 밝힌다. 홈스쿨링은 하나의 사회운동으로서 분명 정치학적 관점으로 분석되어 마땅한 특성을 보이고 있는 것은 사실이나 공식적으로 인정되는 하나의 교육 형태로서 교육학적 관점으로 분석할 필요도 있다. 예컨대 홈스쿨링이 진정으로 교육의 내재적 가치를 체험하는 데 학교에 비해 어떤 점에서 유리한지, 또 어떤 점에서 불리한지에 대해 별도의 경험적 연구를 수행할 수 있을 것이다. 이에 대한 탐구는 필자의 다음 연구 과제로 남겨 둔다.

학교와 교육이 거의 같은 것으로 인식되고 의무취학법상 아직 홈스쿨링이 합법적인 교육 형태로 인정되지 못하는 우리의 상황에서, 홈스쿨링에 관한 이 저서의 논의가 교육의 개념을 새롭게 규정하고, 앞으로 홈스쿨링에 대한 학문적·실천적 담론을 펴 나가는 데 작은 씨앗이 되기를 기대한다.

올라가면, 다른 동료 학생들보다 나이가 한 살 많게 되어 학교생활이 불편하다는 것이다. 시험 연령을 만11세로만 낮추어도 이러한 문제는 쉽게 해결할 수 있다.

참고문헌

강무섭(1994). 교육정치학적 관점에서 본 한국교육정책. **교육정치학 연구**, 창간호, 79-87.

김남순(1998). 고등교육기관 평가의 정치학. **교육정치학연구**, 5(2), 55-75.

김두정(1994). 교육과정의 정치학. **교육정치학연구**, 창간호, 89-110.

김민환(2000). 미국 홈스쿨링의 성장과 특징에 관한 연구. **비교교육연구**, 10(1), 257-280.

김선요(2005). 홈스쿨운동의 전개와 시사. **사회과학논총**, 12, 서울여자대학교 사회과학연구소, 101-121.

김성열(1994). 교원인사의 정치학. **교육정치학연구**, 창간호, 143-173.

김성열·조석훈(1997). 단위학교에서의 거버넌스 문제와 교육. **교육정치학연구**, 4(1), 73-91.

김신일(2000). **교육사회학**. 서울: 교육과학사.

김영화(2001). 공교육 이념과 기능의 효용성 및 시대적 적합성에 대한 일 고찰. **교육사회학연구**, 11(2), 55-75.

김용일(1995). 교육에서 '비정치의 신화'에 관한 고찰. **교육정치학연구**, 2(1), 78-97.

김용일(1997). 교육위원회 구성에서 정당 관여의 문제에 관한 고찰. **교육정치학연구**, 4(1), 93-118.

김용일(1998). 교원임용의 정치학: 중등교원 신규임용을 중심으로. **교육정치학연구**, 5(1), 42-76.

김재웅(1994). 교육선발의 정치학. **교육정치학연구**, 창간호, 111-141.

김재웅(1996). 1980년대 교육개혁의 정치적 의미와 교육적 의미: 졸업정원제와 과외금지 정책을 중심으로. **교육정치학연구**, 3(1), 42-69.

김재웅(1998). 교육정치학 관점에서 본 교사 양성 제도. **교육정치학연구**, 5(1), 22-41.

김재웅(1999). 홈스쿨의 교육적·정치적 의미, **교육학연구**, 37(4), 255-274.

김재웅(2000). 의무교육과 의무취학. **민들레** (통권 8호).

김재웅(2001a). **정치로부터 자유로운 교육**. 서울 : 원미사.

김재웅(2001b). 미국 공립학교 출현에 대한 교육정치학적 분석. **교육정치학연구**, 8(1), 90-108.

김재웅(2004). 한국 교육정치학의 반성과 발전과제, **교육정치학연구**, 11, 62-88.

김재웅(2005). 학교 민영화의 개념, 유형, 그리고 전망. **교육행정학연구**, 23(1), 27-47.

김재웅(2008). 교사평가의 정치학: 새로운 교사평가제의 도입 및 시범운영 과정을 중심으로. **교육정치학연구**, 15(1), 7-32.

김재웅(2009a). 의무취학제도 하에서 홈스쿨링 합법화의 의미와 전망. **열린교육연구**, 17(1), 1-24.

김재웅(2009b). 미국 사이버 차터스쿨의 정치학: 홈스쿨링과의 관계를 중심으로. **교육정치학연구**, 16(1). 219-245.

김재웅(2009c). 미국 홈스쿨링 운동의 사회적 배경 및 요인. **비교교육연구**, 19(4), 53-75.

김혜숙(1998). 교직단체의 정치학. **교육정치학연구**, 5(1). 77-101.

김종우·유은희(2003). 우리집 아이들은 학교 안가요. 대화출판사.

민들레 편집실(편).(2000). **홈스쿨링, 오래된 미래: 새로운 길을 여는 부모들의 이야기.** 서울: 민들레.

박남기(1998). 교원교육기관 평가의 정치학. **교육정치학연구**, 5(2), 76-101.

서덕희(2002). 가정학교 실천의 교육적 의미: 부모들의 삶을 중심으로. **교육인류학연구**, 5(1), 119-152.

서덕희(2006a). "교실붕괴" 이후 신자유주의 담론 형성과 그 저항: 홈스쿨링에 관한 담론을 중심으로. **교육사회학연구**, 16(1), 77-105.

서덕희(2006b). 홈스쿨링의 가능성과 한계에 관한 참여관찰 연구. 서울대학교 대학원 박사학위 논문.

서덕희(2008). **홈스쿨링을 만나다.** 서울: 민들레.

송기창(1998). 교육행정기관 평가의 정치학. **교육정치학연구**, 5(2), 1-25.

신현석(1996). 현 정부의 교육개혁의 정치학: 5.31교육개혁안의 형성과정을 중심으로. **교육정치학연구**, 3(1), 92-122.

신현석·이은구(1997). 지방수준에서의 거버넌스 문제와 교육. **교육정치학연구**, 4(1), 43-71.

안기성(1994). 한국 교육정치학의 과제. **교육정치학연구**, 창간호. 55-77.

안기성(1996). 한국 교육개혁의 정치학. **교육정치학연구**, 3(1), 1-24.

안기성(1997). 교육에서의 거버넌스의 문제와 그의 장래. **교육정치학연구**, 4(1), 1-20.

안기성(1998). 한국사회의 교원과 정치. **교육정치학연구**, 5(1), 1-21.

염철현(2001). 미국의 홈스쿨링의 교육법적 검토. **교육법학연구**, 13, 84-100.

유명복(2005). 홈스쿨링의 현황과 과제. **기독교교육정보**, 12, 83-109.

이병환(2008). 미국 홈스쿨링의 동향과 특성. **중등교육연구**, 56(1), 25-50.

이일용(1997). 중앙수준에서의 거버넌스 문제와 교육. **교육정치학연구**, 4(1), 21-41.

이주호(편)(2007). 한국의 홈스쿨링 도입방안 간담회 자료집. 2007. 1. 31.

이차영(1997). 지방교육자치제도의 기본원리와 운영구조. **교육정치학연구**, 4(1), 119-156.

이혜영(2000). 한국의 홈스쿨링 운동의 현황과 전망. **평생교육학연구**, 6(1), 109-134.

장상호(1986). 교육학의 비본질성. **교육이론**, 1권, 제1호. 서울대학교 사범대학 교육학과.

장상호(1990). 교육의 정체 혼미와 교육학의 과제. **교육이론**, 제5권, 제1호. 서울대학교 사범대학 교육학과.

장상호(1991). 교육학 탐구 영역의 재개념화. 서울대학교 사범대학 교육연구소.

장상호(1996). 敎育的 關係의 인식론적 의의. 교육원리연구. 제1권 제1호. pp. 1-50.

장상호(1997). 학문과 교육(상): 학문이란 무엇인가. 서울: 서울대학교 출판부.

장상호(2000). 학문과 교육(하): 교육적 인식론. 서울: 서울대학교 출판부.

장상호(2005). 학문과 교육(중I): 교육이란 무엇인가. 서울: 서울대학교 출판부.

장상호(2009). 학문과 교육(중II): 교육본위의 삶. 서울: 서울대학교 출판부.

정우탁(1997). 교육과 사회적 이동의정치적 의미. 교육정치학연구, 4(1), 157-171.

정일환(1998). 초·중등교육기관 평가의 정치학, 교육정치학연구, 5(2), 26-54.

정재걸(1996). 제3공화국의 교육개혁과 정치. 교육정치학연구, 3(1), 25-41.

조동섭(2004). 교원양성체계 구조조정의 정치학. 교육정치학연구, 11, 122-138.

진동섭, 이윤식, 김재웅(2007). 교육행정 및 학교경영의 이해. 서울 : 교육과학사.

최준렬(1994). 교육재정의 정치학, 교육정치학연구, 창간호, 175-194.

최준렬(1996). 제6공화국의 교육개혁의 정치학, 교육정치학연구, 3(1), 70-91.

Alexander, K. & Alexander, M. D. (2009). *American public school laws* (7th ed.). Belmont, CA: Wadworth.

Althusser, L. (1971). Ideology and ideological state apparatuses. In *Lenin and philosophy and other essays*. London: New Left Books.

Apple, M. W. (2000). The cultural politics of home schooling. *Peabody Journal of Education*, 75(1 & 2), 256-271.

Ariès, P. (1973). *L' enfant et la vie familiale sous l'ancien régime*. 문지영 역(2003). 아동의 탄생. 서울 : 새물결.

Ball, S. J. (1987). *The micro-politics of the school: Toward a theory of school organization*. London & New York: Methuen.

Ballmann, R. E. (1995). *The how & why of home schooling* (2nd ed.). Wheaton, IL: Crossway Book.

Barrett, B. K. (2003). Why we welcome homeschoolers, *School Administrator*, 60(1), 30-31.

Bivins, J. (2003). *The fracture of good order: Christian antiliberalism and the challenge to American politics*. Chapel Hills, NC: University of North Carolina Press.

Bowles, S. & Gintis, H. (1976). *Schooling in capitalist America: Educational reform and the contradictions of economic life*. New York: Basic Books.

Callahan, R. E. (1962). *Education and the cult of efficiency*. Chicago, IL: University of Chicago Press.

Carper, J. C., & Hunt, T. C. (2007). *The dissenting tradition in American education*. New York: Peter Lang.

Cohen, C. (2000). Happily homeschooling teens: High school requirements and college admissions. Arroyo Grande, CA: The Author. (ERIC ED 446 845)

Colb, S. F. (2005). Should parents who home-school their children have access to public school extracurricular programs? Retrieved July 24, 2009 from http://writ.news.findlaw.com/colb/20050630.html

Coombs, F. (1980). The bases of noncompliance with a policy, *Policy Studies Journal*, 8(6). 885-892.

Cooper, B. S. & Sureau, J. (2007). The politics of homeschooling: New developments, new challenges. *Educational Policy*, 21(1), 110-131.

Cremin, L. A. (1961). *The transformation of the school: Progressivism in American education*, 1876-1957. New York: Random House.

Dale, R. (1989). *The state and education policy*. Milton Keynes & Philadelphia: Open University Press.

Delp, V. (2006). Equal access laws for homeschoolers. Retrieved July 16, 2009 from http://homeschooling.families.com/blog/equal-access-laws-for-homeschoolers

Education Otherwise (n.d.). How?. Retrieved June 18, 2009, from http://www.education-otherwise.org

Eliot, T. H. (1959). Toward an understanding public school politics. *American Political Science Review*, 53, 1032-1051.

Emerson, R. (1981). Social exchange theory. In M. Rosenberg & R. H. Turner(Eds.), *Social psychology: Sociological perspective*, pp. 30-65. New York: Basic Books.

Fleisher, D. & Fredman, D. M. (1983). *Death of an American: The killing of John Singer*. New York: Continuum.

Friedman, M. (1980). *Free to choose*. New York: Harcourt Brace Javonovich.

Friedson, E. (1970). *Profession of medicine: A study of sociology of applied knowledge*. New York: Dodd, Mead and Company.

Gaither, M. (2008a). *Homeschool: An American history*. New York: Palgrave MacMillan.

Gaither, M. (2008b). Response to Storylaurie. Retrieved Oct. 1, 2009 from http://gaither.wordpress.com/2008/06/23/plecnik-on-homeschoolers-access-to-public-school-programs/

Galbraith, J. K. (1958). *The affluent society*. Boston, MA: Houghton Mifflin.

Gathercole, R. (2007). *The well-adjusted child: The social benefits of homeschooling*. Denver, CO: Mapletree.

Glanzer, P. L. (2008). Rethinking the boundaries and burdens of parental authority over education: A response to Rob Reich's case study of homeschooling. *Educational Theory*, 58(1), 1-16.

Green.A. (1990). *Education and state formation: The rise of education systems in England, France and the USA*. New York: Palgrave Macmillan.

Griffith, M. (1997). *The homeschooling handbook*. Rocklin, CA: Prima.

Habermas, H. (1987). *The theory of communicative action* (Vol. 2). Boston: Beacon Press.

Hareven, T. K. (1993). The home and the family in historical perspective. In A. Mack (Ed.), *Home: A place in the world*. New York: New York University Press.

Heywood, A. (1997). *Politics*. New York: Palgrave.

Hill, P. T. (2000). Home schooling and the future of public education. *Peabody Journal of Education*, 75(1 & 2), 20-31.

Holt, J. (1970). *The underachieving school*. New York: Pitman.

Holt, J. (1972). *Freedom and beyond*. New York: Dutton.

Holt, J. (1974). *Escape from childhood*.

Holt, J. (1976). *Instead of education: Ways to help people do things better*.

Holt, J. (1981). *Teach your own: A hopeful path for education*. New York: Delta/Seymour Lawrence.

Home School Legal Defense Association (HSLDA). (2004). Academic Statistics on Homeschooling. Retrieved June 19, 2009 from ???

Home School Legal Defense Association (HSLDA). (2007). Equal access: Participation of homeschooled students in public school activities. Retrieved July 20, 2009, from http://www.hslda.org/docs/nche/000000/00000049.asp

Home School Legal Defense Association (HSLDA). (n.d.). Home school laws. Retrieved December 24, 2008, from http://www.hslda.org/docs/nche/000010/200410250.asp

How Many Members Does HSLDA Have? (n. d.). Retrieved February 22, 2010, from http://hsislegal.com/represent.asp

Hunter, J. D. (1991). *Culture wars: The struggle to define America*. New York: Basic Books.

Illich, I. (1970). *Deschooling society*. New York: Harper Colophon.

Immell, M. (2009). *Homeschooling: Current controversies*. Farmington Hills, MI: Greenhaven Press.

Jones, P., & Gloeckner, G. (2004). Perceptions of and attitudes toward homeschooled students. *Journal of College Admissions*, 185, 12-21.

Kaestle, C. F. (1983). *Pillars of the republic: Common schools and American society*, 1780-1860. New York: Hill and Wang.

Kanter, R. M. (1972). Communes. In M. Gordon (Ed.), *The nuclear family in crisis: The search for an alternative* (pp. 173-179). New York: Harper & Row.

Karp, D. A. (1996). *Speaking of sadness: Depression, disconnection, and the meaning of illness*. New York: Oxford University Press.

Karier, C. J. (1986). *The individual, society, and education: A history of American educational ideas* (2nd ed.). Urbana, IL: University of Illinois Press.

Katz, M. B. (1976). *A history of compulsory education laws*. Bloomington, IN: The Phi Delta Kappa Educational Foundation.

Katz, M. B. (2001). *The irony of early school reform: Educational innovation in mid-nineteenth century Massachusettes*. New York: Teachers College Press.

Klicka, C. J. (1995). *The right choice: The incredible failure of pubic education and the rising hope of home schooling*. Gresham, Oregon: Noble Publishing Associates.

Kirschner, J. (1991). The shifting roles of family and school as educator: A historical perspective. In J. V. Galen & M. A. Pitnam (Eds.), *Home schooling: Political, historical, and pedagogical perspectives* (pp. 137-158). Norwood, NJ: Ablex.

Kotin, L. & Aikman, W. F. (1980). *Legal foundations of compulsory school attendance*. Port Washington, NY: Kennikat.

Lasswell, H. (1936). *Politics: Who gets what, when, how?* New York: McGraw-Hill.

Leeper v. Arlington Independent School District, No.17-88761-85 (Tex. Jud. Ct., Apr. 13, 1987).

Leftwich, A. (Ed.) (1984). *What is politics? The activity and its study*. Oxford: Blackwell.

Litz, C. E. (1975). Horace Mann and the sectarian controversy. *Education*, Vol. 95, No. 3., 280-285.

Lubienski, C. (2000). Whither the common good? A critique of home schooling, *Peabody Journal of Education*, 75(1 & 2), 207-232.

Lyman, I. (1998). Homeschooling: Back to the Future? *Cato Policy Analysis* No. 294.

Makinen, J. (1997). New York home-schooler is queen of the National Spelling Bee in D.C.. Washington Post, May 30, 1997, p. A9.

Malen, B. (1995). The micropolitics of education: Mapping the multiple dimensions of power relations in school politics. In J. D. Scribner & D. H. Layton(Eds.), *The study of educational politics*. Wachington, DC & London: The Falmer Press.

Massialas, B. G. (1969). *Education and the political system*. Menlo Park, CA: Addison-Wesley Publishing Company.

Mayberry, M., Knowles, J. G., Ray, B., & Marlow, S. (1995). *Home schooling: Parents as educators*. Thousand Oaks, CA: Corwin Press, Inc.. 이혜영 (역)(1997). 미국의 홈스쿨링. 서울: 박영률출판사.

Medlin, R. G. (2000). Home schooling and the question of socialization. *Peabody Journal of Education*. 75(1 & 2), 107-123.

Meighan, R. (1997). *The next learning system*. Nottingham, U.K.: Educational Herectics Press.

Meyer v. Nebraska, 262 U.S. 390 (1923).

Meyer, J. W., Tyack, D., Nagel, J. & Gordan, A. (1979). Public education as nation-building in America: Enrollments and bureaucratization in the American States, 1870-1930. *American Journal of Education*. The University of Chicago. 591-613.

Moe, T. M. & Chubb, J. E. (2009). *Liberating learning: Technology, politics, and the future of American education*. San Francisco: Jossey Bass.

Moore, R., & Moore, D. (1975). *Better late than early: A new approach to your child's education*.

McDowell, S. A. (2004). *But what about socialization?: Answering the perpetual home schooling question*. Nashville, TN: Philodeus Press.

National Education Association (1991). The 1991-92 resolutions of the National Education Association, *NEA Today*, 10(1), September 1991, pp. 17-23.

National Association of Elementary School Principals (1987). NAESP 1987-88 Platform, 3.

Orwell, G. (1949). 1984. London: Secker & Warburg.

Our History(n.d.). Retrieved February 22, 2010, from http://www.hslda.org/about/history.asp

Pennsylvania State (2005). Governor Rendell says home-schooled children can participate in school district extracurricular activities. Retrieved July 20, 2009, from http://www.state.pa.us/papower/cwp/view.asp?A=11&Q=447513

Petrie, A. J. (1995). Home educators and the law within Europe. *International Review of Education*, 41(3-4), pp. 285-296. Kluwer Academic Publishers. (http://www.netlink.co.uk/users/e_o/europe/heatlwe.html)

Pierce v. Society of Sisters, 268 U.S. 510 (1925).

Philosophy of Christian Education(n.d.). Retrieved February 24, 2010 from http://www.homeschools.org/worldview/philosophyOfChristianEducation.html

Planty, M. Hussar, W., Snyder, T., Kena, G., KewalRamani, A., Kemp, J., Bianco, K., & Dinkes, R. (2009). *The condition of education* 2009 (NCES 2009-081). National Center for Education Statistics, Institute of Education Science. U.S. Department of Education. Washington, D.C.

Plecnik, J. T. (2007). Equal access to public education: An examination of the State Constitutional and statutory rights of nonpublic students to participate in public school programs on a part-time basis in North Carolina and across the nation, *Texas Journal on Civil Liberties and Civil Rights*, 13(1), 1-30.

Princiotta, D. & Bielick, S. (2006). Homeschooling in the United States: 2003 (NCES 2006-042). Washington, D.C.: U.S. Department of Education. National Center for Educational Statistics.

Pyle, J. J. (1997). Socrates, the schools, and civility: The continuing war between inculcation and inquiry. *Journal of Law and Education*, Vol. 26, No. 1, 65-85.

Ray, B. D. (1997). Strengths of their own: Home schoolers across America. Salem, OR: National Home Education Research Institute.

Ray, B. D. (2000). Home schooling for individuals' gain society's common good. *Peabody Journal of Education*, 75(1 & 2), 272-293.

Ray, B. D. (2004). Home educated and now adults: Their community and civic involvement, views about homeschooling, and other traits. Salem, OR: National Home Education Research Institute.

Ray, B. D. (2008). Retrieved December 27, 2008, from http://www.nheri.org/Research-Facts-on-Homeschooling.html

Ray, B. D. & Wartes, J. (1991). The academic achievement and affective development of home-schooled children. In J. V. Galen & M. A. Pitnam (Eds.), Home schooling: Political, historical, and pedagogical perspectives (pp. 43-62). Norwood, NJ: Ablex.

Ray, B. D., & Eagleson, B. (2008). State regulation of homeschooling and homeschoolers' SAT scores. *Journal of Academic Leadership*, 6(3). Retrieved June 19, 2009 from http://www.academicleadership.org/emprical_research/State_Regulation_of_Homeschooling_and_Homeschoolers_SAT_Scores.shtml.

Reich, R. (2002). Bridging liberalism and multiculturalism in American education. Chicago, IL: The University of Chicago Press.

Reid v. Kenowa Hills Public Schools, Michigan Ct. Appeal No. 239473 (2004).

Riesman, D. (1950). The lonely crowd: A study of the changing American character. New Haven, CT: Yale University Press.

Richardson, S. N. & Zirkel, P. A. (1991). Home schooling law. In J. V. Galen & M. A. Pitnam (Eds.), *Home schooling: Political, historical, and pedagogical perspectives* (pp. 159-210). Norwood, NJ: Ablex.

Richman, S. (1995). *Separating school & state: How to liberate America's families*. Fairfax, VA: The Future of Freedom Foundation.

Rivero, L. (2008). *The homeschooling option: How to decide when it's right for your family*. New York: Palgrave Macmillan.

Rose, S. D. (1988). *Keeping them out of the hands of Satan: Evangelical schooling in America*. New York: Routledge.

Rudner, L. M. (1999). Scholastic achievement and demographic characteristics of home school students in 1998. *Educational Policy Analysis Archives*, 7(8); Retrieved June 19, 2009 from http://epaa.asu.edu/epaa/v7n8/

Schumacher, E. F. (1973). *Small is beautiful: A study of economics as if people mattered*. London: Blond & Briggs.

Schwartz, B. D. (2008). The law of homeschooling. No. 78 in the Monograph Series. Dayton, OH: Education Law Association.

Scribner, J. D. & R. M. Englert(1977). The politics of education: An introduction. In D. Scribner(Ed.). *The politics of education*. Chicago, IL: The University of Chicago Press.

Shapiro, H. S. (1980). Education and the State in capitalist society: Aspects of the sociology of Nicos Poulantzas. *Harvard Educational Review*, Vol. 50, No. 3. 321-331.

Spring, J. (1988). *Conflict of interests: The politics of American education*. New York: Longman.

Spring, J. (1989). *American education: An introduction to social and political aspects* (4th ed.). New York: Longman.

Stevens, M. (2001). *Kingdom of children: Culture and controversy in the homeschooling movement.* Princeton, NJ: Princeton University Press.

Taylor, L. A. & Petrie, A. J. (2000). Home education regulations in Europe and recent U.K. Research. *Peabody Journal of Education*, 75(1 & 2), 49-70.

Tyack, D. B. (1974) *The one best system: A history of American urban education.* Cambridge, MA: Harvard University Press.

Van Galen, J. A. (1991). Ideologues and Pedagogues: Parents Who Teach Their Children at Home. J. A. Van Galen and M. A. Pittman (Ed.), *Home schooling: Political, historical, and pedagogical perspectives.* Norwood, NJ: Albex.

Whyte, W. H. (1956). *The organization man.* New York: Simon and Schuster.

Wilds, E. H. (1959). *The foundation of modern education.* New York: Rinehart & Company. Inc.

Williams, P. (2008). Sports are an extension of the classroom and should thus exclude homeschoolers. *The Washington Post*, February 7, 2008, p. 15.

Wirt, F. M. & M. W. Kirst(1982). *Schools in conflict.* Berkely, CA: McCutchan.

Wisconsin v. Yoder, 406 U.S. 205 (1972).

Wyatt, G. (2008). *Family ties: Relationships, socialization, and home schooling.* Lanham, MD: University Press of America.